Diario de una anoréxica

Valérie Valère

Diario de una anoréxica

Traducción de Amalia Monasterio

RBA

Título original: *Le pavillon des enfants fous*

Edición de bolsillo: Nuevas Ediciones de Bolsillo, S. L.

Pérez Galdós, 36 bis, 08012 Barcelona

Diseño de la cubierta: Idee
Fotografía de la cubierta: © Amedeo Modigliani, *Paulette Jourdain*

ISBN: 84-473-2351-X
Depósito Legal: B-4413-2002

Impresión:
Printer industria gráfica, S. A.
Ctra. N-II, km 600
Quatre Camins, s/n. Sant Vicenç dels Horts (Barcelona)

Impreso en España - Printed in Spain

ADVERTENCIA DEL EDITOR DE LA EDICIÓN FRANCESA

Internada a la edad de trece años por anorexia nerviosa en un hospital de París, Valérie Valère esperó a cumplir los quince años para escribir este relato: «Aquellos cuatro meses estaban tan presentes en mi ánimo, que comprendí que si no decía nada acerca del tiempo transcurrido en el pabellón de los niños locos, el tormento me acompañaría durante toda mi vida. ¡Tenía que darle rienda suelta!»

Se sentó frente a su máquina de escribir y sólo la dejó cuando hubo mecanografiado la última línea del texto. Ni siquiera quiso releerlo. La experiencia había sido muy dolorosa: había querido revivir su hospitalización, recuperando el tiempo allí pasado.

Cuando se decidió publicar lo que ella considera su testimonio, Valérie lo releyó y efectuó sólo algunas correcciones de estilo: «No se trata de una obra literaria. No me puse a escribir tranquilamente en la soledad de mi habitación, con la mente clara en busca de las palabras exactas. No existen términos razonables para describir el mundo de los locos. Me niego a transformar este texto en una obra de estilo impecable. No describo ninguna abstracción sino mi propio sufrimiento. No expreso bellos sentimientos ni tampoco explico una historia estructurada de forma lógica.»

Voluntariamente, Valérie mantuvo repeticiones casi obsesivas de palabras como «sucia» o frases leitmotiv como «No me cogerán».

Ella considera que su libro es la experiencia de una locura: «Cuando se está en el pellejo de un loco, no se expresa la cólera con frases lógicas ni razonables.»

Valérie tiene hoy dieciséis años.*

* Se refiere a 1978, año de la edición francesa.

1

He apartado mis ojos de los cristales opacos, yergo mi espalda y las lágrimas vuelven a asomarse a mi rostro. La llave gira en la cerradura... La puerta amarillenta se abre para dar paso a esa silueta blanca, ¡cuánto me gustaría que no fuera más que una silueta, un fantasma que pasara sin detenerse...! Abrazada a la almohada, aferrada a la barra de la cama, atrapada entre la mesilla de hierro y mi desdicha, la observo tras la bruma de mis lágrimas. Fijo mi mirada en la desafiante bandeja. Enérgica, ella la deposita sobre la mesa y me mira mostrándome la silla; después me invita, hecho trivial que en este caso resulta cruel en grado sumo. Lentamente, para rechazar la amenaza, me levanto y cruzo el irrisorio metro del sucio embaldosado que me separa del extremo opuesto de mi prisión. Pongo cara de no haber visto nada en aquella bandeja y contemplo mis flacos muslos, aunque en realidad ya he reparado en todo: los compartimientos desiguales con los trozos de carne renegrida, las judías verdes brillantes y enormes, el plato de arroz, el huevo duro cubierto de lo que ellos llaman «mayonesa», el pan duro y el insípido postre.

¿De verdad ella cree que me voy a comer eso? Me limpio la uña de mi índice derecho y espero, llorosa y terca. ¡No, no me cogerán! Quiero que me olviden, que me dejen morir, que me ignoren y que no me torturen más con esas bandejas. No conseguirá nada de mí, ya puede hablar, emplear el estúpido truco que desee: tratar de conmoverme por mi terrible suerte, adoptar un aire compasivo, colérico, indiferente o dominador. «¿No preferirías estar en tu casa? Podría suceder en cualquier momento, ¿no crees?» Ya que es usted quien me lo dice, ¿por qué no me ayuda a escapar? Desde luego, ¡qué descansada se quedó soltando sus frases!

Inclino la cabeza y me miro las piernas. Ha acercado mi silla de modo que puedo contemplar el arroz apelmazado que me produce ganas de vomitar y ha empezado a soltarme un sermón malvado y estúpido a propósito del sol que brilla sobre las hojitas rojizas del otoño; después ha continuado hablando del niño que lleva cuatro años en una habitación con la cabeza sobre las bandejas.

—Hace un día espléndido. El sol calienta mucho, ¿sabes?

Yo me río, ella quiere hacerme daño, no sabe que ya no puedo sentir más dolor. Se ha estrujado el cerebro durante una hora para inventar historias, incluso ha tratado de enseñarme a usar el tenedor y a masticar. ¡Lo he olvidado tantas veces!

Cojo el tenedor para simular que hago un esfuerzo, pero ella querrá que lo utilice, se acercará y cogerá mi mano. No importa. Puede hacerme lo que quiera; yo rechazaré sus sucias bandejas. No quiero su piedad ni sus palabras. No me cogerán. ¿Qué derecho tienen a mantenerme encerrada? Nadie me responde. Ahora se ríen pero pronto serán ellos los que lloren, cuando estén tristes y no tengan el apetito que otros consideren suficiente; esos otros que te encierran y hacen contigo lo que quieren.

Me he quedado sola con mi bandeja; quizá cree que su presencia me cohíbe. Las lágrimas queman mi rostro con su amargura e impotencia. Quisiera vencerlos y aplastarlos como a este huevo nauseabundo que me produce náuseas. Pero ¿qué crimen he cometido? ¿Es que acaso he matado o he robado y no lo recuerdo? No, sólo he hecho una elección, pero eso no les importa porque no son ellos quienes sufren. Detesto a las personas que dicen que les hago daño con mi abandono porque no me quieren... «Señorita, usted no puede hacer con su cuerpo lo que desee porque ya no le pertenece, ahora es nuestro.»

Me vengaré. ¿Vengarme? ¿Cómo? Aquí, encerrada, impotente. Ellos son más fuertes, tienen las llaves. Y si consigo cruzar un día esa puerta, ¿de qué podré acusarlos? Se ayudarán. «La hemos salvado de la muerte; la pobre está trastornada, pero pronto nos dará las gracias...»

Ahora se apodera de mí el desaliento. Todo gira a mi alrededor, como en el tiovivo que no podré jamás montar. Pero eso ya no importa. Ella volverá a recoger la bandeja, que pesará todavía más con la carga de mi rechazo y de mi desesperación. Deseo que tropiece y caiga en ese corredor sombrío, y que el huevo podrido se le pegue al rostro como si fuera una tara. ¡Oh, qué feliz sería si esto sucediera!

La llave gira en la cerradura; entra con las manos metidas en los bolsillos de su espantosa bata, con aire colérico y mirada despiadada:

—¡Conque no has comido! ¿Es que quieres quedarte aquí para siempre?

Me mira como si hubiese cometido un crimen, pero yo no he hecho nada, ellos lo saben.

—Ni siquiera lo has intentado. Peor para ti; ahora voy a dejarte, así tendrás tiempo para reflexionar.

No, no tropezará, pero me da lo mismo, ni siquiera estoy segura de deseárselo, sólo siento desprecio.

Pasará mucho tiempo hasta que venga alguien con otra bandeja. Estoy sola en medio del silencio de esta prisión, sola con mis pensamientos tan desollados como mi cuerpo. Mi mano roza el pijama que detesto. No, no cederé a su chantaje humillante. No me cogerán; sólo sé decir eso. Me han traído aquí a la fuerza: «Estás enferma; aquí te cuidarán, ya lo verás. Todo irá mejor.» ¡No, no estoy enferma! No quiero vuestros cuidados, quiero estar sola. Su mirada está vacía y sus manos siempre dispuestas a cogerme: «No te harán daño, no te forzarán a comer, encontrarán lo que no funciona en tu cabecita, y todo se arreglará.

Verás cómo pronto podrás continuar tus estudios.» ¡Embusteros! No necesito la ayuda de nadie, ¡me río de todos vosotros!

No puedo ver lo que hay detrás de la ventana, los cristales están sucios. ¡Han pensado en todo! Sólo cuando el más alto está abierto veo las hojas inmóviles de un árbol, ni siquiera sopla el viento. Esperaré, ¿qué otra cosa puedo hacer? No puedo leer porque los libros son el premio a mil gramos de alimento; no puedo escribir, el papel se paga aquí al menos a dos mil gramos, la llave que no volverá a girar, tres mil; el baño caliente, cuatro mil... Incluso tendré derecho a escoger el orden de estos favores.

Desde la cama el suelo parece muy lejano, las baldosas se mueven sin cesar. La soledad y el silencio me espantan. Estoy perdida en un lugar donde nadie tiene derecho a existir, no puedo ir a lavarme las manos, tampoco lo deseo.

Los gritos de los niños me asustan... Gritos alborotados y violentos, gritos de animal salvaje atrapado en un cepo. Ellos también lloran y golpean las paredes pidiendo que los dejen salir. A veces se pelean hasta que la enfermera acude a separarlos; no sé quiénes son. Al dirigirme a mi celda, me crucé con unas pequeñas gemelas deformes que se agarraron a mi ropa como si quisieran pedirme algo; también vi a una muchacha corpulenta y jorobada que se tocaba los pechos. Por la noche, cuando voy al baño, los pasillos están vacíos, silenciosos, la enfermera inspecciona el cuarto antes de que yo entre, y vigila el largo camino que conduce a mi habitación.

Éste es el único momento en que puedo mirarme al espejo. Estoy muy demacrada, pero me gusta así; parezco maquillada: las oscuras ojeras reemplazan al rímel, la palidez a los polvos. Yo prefiero el maquillaje de los mimos y de los payasos al de las mujeres. Tengo los ojos hundidos, pero siguen siendo finos y bonitos. Mis cabellos negros son agresivos y su color hace juego con el violeta de mis labios.

El agua corre entre mis manos como si fuera un «filtro reconfortante». Tengo demasiado calor; no hay aire en este minúsculo espacio. Dentro de cinco minutos ella vendrá a buscarme. Quizá pueda golpearla y salir corriendo hacia el otro pabellón... Sí, pero, ¿dónde está la puerta? Es verdad, ¿dónde está la puerta? Ya se acerca. Camino arrastrando los pies a su lado para prolongar el momento, no quiero volver a sentirme ahogada, solitaria, rodeada de silencio. Empujará la puerta entreabierta... la cerrará con llave. ¿Comprenden?

Ruido de tacones que golpean el suelo, voces entremezcladas, un brillo de esperanza que enciende mis ojos hinchados.

No, no es para mí; para mí ya no hay nada, no existo. Dirijo mi mirada hacia la ventana, el cristal más alto me permite ver un cuadro de cielo con hojas de árboles; nada más, los cristales opacos impiden la estimulante visión de un patio desierto y enrejado: símbolo del poder y de la prisión inútiles.

Estoy sentada en el borde de la cama como si me negara a disfrutar del privilegio que me han concedido; no lo quiero, que se queden con sus camas blancas, sus paredes amarillentas, sus mesas de hierro.

Las baldosas me miran como si estuviera loca y las sábanas me acusan enarbolando el estandarte de su exasperante limpieza. Me siento aprisionada entre estas cuatro paredes. Sí, quisiera que me aplastaran, quisiera marcharme, abandonarlo todo, no existir. Ser nada.

No, no moriré ahora; tendré una muerte lenta que arrastrará tras sí la esperanza vana aunque inevitable que os hace soportar vuestro incesante sufrimiento.

Mis ojos ya no ven nada, pero me río de mi tristeza porque rechazo mi propia compasión, sólo deseo gritar mi rabia y destruirlo todo. Atrás ha quedado el camino recorrido hasta el encierro, qué lástima, hubiera podido evadirme. Pero no, cerrojos, llaves, verjas, enfermeras, hay tantas barreras... Sólo recuerdo miradas imperturbables e indiferentes, miradas de odio. Estoy llena de rencor, de rabia incontrolable, de tristeza sin fondo, pero todos se alejan. No puedo más. No me han dado suficientes calmantes. ¿Con qué derecho dirigen un hospital, si ni siquiera saben dosificar y administrar bien las medicinas?

A menudo, un grito de violencia desgarra mis oídos; es un grito interrumpido y reanudado, lleno de odio, Una enfermera sale corriendo y entra acompañada de un médico armado con una jeringa... Gritos que destrozan los tímpanos y paralizan de terror. Imagino la cama, las correas. De nuevo, explosión de rabia, rechinar de barras arrastradas sobre las baldosas, despliegue de fuerzas inútiles, sobresaltos desesperados, silencio.

Angustioso silencio. Olvido. Pared. Nada. Primera muerte.

¿Qué crimen he cometido? Rechazar el mundo: crimen castigado con prisión perpetua. Me manipulan como si fuese un montón de huesos, despojada de cualquier pensamiento, de todo sentimiento.

Estoy sola. Fuera, el mundo se ríe, se divierte, habla, y yo estoy sola con mi cuerpo que no quiere nada, que no pide nada más que la muerte. Pero resistirá. No dejarán que desaparezca porque debo sufrir y ser consciente de la estupidez de mi empeño, de vomitar sobre sus rostros opresivos. Pero, ¿qué se han creído? ¿Que voy a ceder a su infame chantaje? No parecen darse cuenta del horror que me causan. Se mofan. Fuera de esta cárcel, nadie sabe lo que pasan los prisioneros; la gente tiene tanto miedo, siente tanto temor que se olvida; así resulta todo más sencillo y más fácil.

Aún no es de noche. Tengo miedo al silencio, me cuesta respirar. He permanecido de pie en medio de la habitación, todo me da vueltas. Tengo la impresión de que el suelo va a abrirse a mis pies, ¿dónde está la cama? No me encuentro a gusto en este apartamento, quisiera hablar, gritar para pedir... no oigo mi voz... ¿Dónde está el agua? Quisiera dormir, no encuentro ya el aire, esto da vueltas, ¡qué frío y duro está el suelo!

Me ha encontrado la enfermera del turno de noche; yo estaba helada, sollozando de angustia y de odio. La lamparilla de noche que hay sobre la puerta es la única luz que pueden soportar mis ojos hinchados y asustados. Me gusta lo negro. Protege, pero yo no quiero estar protegida. Es que no sé lo que quiero. Me ha dado agua con un medicamento: una pastilla blanca. Me hace hablar un poco a fin de comprobar que no la he escondido debajo de la lengua. Ahora la detesto, porque actúa como todos, ésos a los que llamo los «verdaderos locos». Antes sólo era un fantasma fugitivo; ahora no olvidaré que ha sido ella la que ha esperado para estar segura de que el sello no se ha quedado maliciosamente oculto bajo la lengua. Me ha traicionado.

Me ha despertado el ruido de la llave. Estaba amodorrada por la droga, con la cabeza pesada, los miembros adormecidos y la mirada vidriosa. La ayudante, solícita, deshace mi cama; pone sábanas limpias; no habla: una mujer de la limpieza. Resulta extraño comprobar que aquí todas las personas tienen un brillo inquietante en la mirada. He observado sus piernas varicosas bajo sus medias grises. Sí, ella es quizá vieja y fea pero puede pasearse por la calle, regresar a su casa, leer un libro de sueños, ir al cine y quedarse hasta la última sesión; la primera vez por los actores, la segunda para escuchar, la tercera para entender... ¿Cómo puede ella dedicarse a este oficio? ¿Es que no le importa cruzarse con esos niños locos, deformes, arrastrar tras sí el hedor nauseabundo de la locura?

¿Por qué me han metido aquí? ¡No estoy loca! Yo no golpeo las paredes como una enajenada. Lo que ocurre es que no me explican nada, son cosas de las que no se habla, la gente tiene miedo... Yo también tengo miedo porque no quiero que me traten como a una loca. No dicen nada, pero todos sus gestos están dirigidos a una niña desposeída de razón. ¿Quieren que me aborrezca, que acabe por pensar como ellos, que considere un crimen no tener hambre mientras los demás devoran, una locura observarlos con desdén cuando se abalanzan sobre su plato como si eso fuera lo único que contase en el mundo? Si los encerraran, ellos no podrían vivir.., ¡No! No quiero ser como ellos. Acabarán cansándose y me echarán fuera.

Abre la puerta la enfermera de la mañana. La diviso entre las rebanadas de pan y el tazón de café. En sus labios, una sonrisa casi irónica.

—Qué, ¿has dormido bien?

Sabe que no, pero continúa burlándose de mí.

—¿No comiste nada ayer por la noche? Está registrado en la ficha. ¿Por qué has llorado tanto?

Ahora registran todo lo que hago. Cuando el doctor pasa, lee: «Ha ido a orinar a las ocho y diez, ha comido dos granos de arroz, se ha levantado a las tres de la madrugada para ir al aseo.» ¡Qué ridículos! Puedo reírme de ellos todo cuanto quiera, nunca podrán saber lo que pienso.

Miro sus fruncidos ojos azules, son feos; tiene la cabeza pequeña y el cuerpo grande; y yo me río, pero es ella quien tiene las llaves, y soy yo quien está encerrada... Cree que voy a tocar su apestoso zumo y sus infectas rebanadas de pan. Mi mirada se fija en mis manos, la cabeza baja y las lágrimas dispuestas a la ofensiva. Sé que se pone nerviosa, habla por los codos, yo ni siquiera la escucho y, sobre todo, nunca vacío los platos... Su voz suena irritada. Me coge de la barbilla, se enternece un poco y acto seguido se exaspera:

—La jefa de clínica vendrá a verte hoy, y te aseguro que no es nada amable. Esto no va bien: hace un mes que estás aquí y no has comido nada, ¡te ríes de todos! Peor para ti; lo único que conseguirás es pasarte más tiempo aquí.

Esta mujer me desanima, es repelente. ¿Sabrá el hombre que se acuesta en su cama lo que les hace a los niños que corren por el pasillo? Seguro que ni la toca, ¿cómo podría hacer el amor con una mujer tan horrible como ésta? Tendría que ser masoquista. Quizá la atiende el doctor que acude por las mañanas al pabellón de los adultos.

De nuevo estoy sola, qué alivio. Sí, la soledad es muy hermosa. No quiero volver a oír la llave en la cerradura, quiero que me olviden, que no me fastidien con sus bandejas y sus palabras. Quedaos con vuestro mundo, ¿me entendéis?, yo no lo aceptaré nunca. ¡Ése no es el mundo auténtico! ¡Dejadme!

Yo no sabía que existían personas tan infames; pero ahí están todos esos desechos. ¿Así que son ellos quienes tienen derecho a poseer los cuerpos y las almas de las personas? No me extraña que haya tantos locos.

Espero que al menos me dejen morir como yo quiera. La tortura consiste en hacerle a uno vivir contra su voluntad. ¿Hay algo más terrible que mantener a alguien con vida cuando no quiere conservarla?

Yo no pedí venir al mundo y por eso tengo derecho a escoger. No tengo la culpa de que mi madre no utilizara anticonceptivos. Puedo destruir lo que ellos crearon. Dicen que lo hicieron por mí; entonces, ¿por qué no me dejan ahora escoger? Les importa un pepino lo que yo piense, quieren conservarme y además no podrían fingir un dolor que no sienten. Se acusará a las circunstancias, a la ingratitud e inconsciencia propias de la adolescencia, pero nadie creerá que un padre es incapaz de sentir nada por su hijo.

«No te preocupes, todo pasará.» Eso es lo que dicen. Pero sólo tengo una idea en mi cabeza: no quiero ser como vosotros, pasivos, idiotas, tercos. Yo también soy pasiva, tonta, terriblemente terca, pero de otro modo. No me asustan vuestras palabras, no temo la muerte que tanto os aterra. ¡Mirad cómo tembláis ante la amenaza de esta evidencia!

Sí, lo sé, vosotros también me despreciáis: «Miradla, está hecha una furia, ¡y pensar que tiene sólo trece años! No quisiera tener una hija como ella. Es una zorra, hace sufrir a todo el mundo y no deja de crear conflictos. ¡Vaya recompensa para sus padres!»

Silencio mortal. No hay nada más terrible que este silencio. Ante mí, horas interminables, una carretera infinita que adivino llega hasta el final del cielo y de la tierra. No puedo pensar con claridad. ¿Habrán logrado aprisionar mis pensamientos en una caja de acero? Esta pregunta estalla en mi cerebro como un desafío, mezclada con otras muchas formuladas a partir de las palabras «libertad», «prisión», «locura», «mundo», «prohibición».

Oigo los gritos histéricos de los niños prisioneros. No los veo, me niego, siento una repugnancia estúpida. No, no tengo nada que ver con ellos: son los locos. Pero yo también estoy loca, ¿no?

Otra vez gira la llave en la cerradura. Ya sé quién es. La aborrezco y, además, me da miedo. Es una mujerona con cola de caballo; se parece a un sargento y me amenaza con sus enormes botas de cuero y su sonda nasal. Se sienta mientras yo permanezco acurrucada en mi rincón. Debe de ser ella la que ata a los niños en las camas para calmarlos; la que escribe en sus registros notas estúpidas y tan precisas como el número exacto de minutos necesarios para lavarte la cara. No conseguirá nada de ti. Cuidado, se va a enfadar..., mira, trata de ser dulce. Su voz es un auténtico tarro de miel. Pero la cosa no marcha.

—¿Cómo estás?

¿Qué deseará que responda: que estoy maravillosamente, que esta habitación me sienta muy bien?

—Muy bien, claro. ¿Es que no se ve?

—Dime, ¿qué es lo que no te gusta?

No le responderé, no quiero hablar, no diré nada, usted se burla de mí con sus preguntas. No quiero su «ayuda», guárdesela...

—¿Es que no quieres contestarme? Los médicos están preocupados porque no les has dicho ni una palabra. ¿El nuevo tampoco te gusta? ¡Responde!

Ya está. Empieza a ponerse nerviosa. Como el asunto no marcha, ella se endurece. Esta mujer me considera una auténtica enajenada.

—Pero, ¿por qué no me contestas? ¿Quieres que venga a verte otro doctor? ¿Te decidirás a hablar?

—No, no tengo necesidad de hablar.

—No seas tonta; no estarías aquí si fueras de otro modo.

—Exacto. No debería estar aquí.

—Ya está bien, me voy a enfadar. He sido demasiado amable. Hace un mes que estás aquí y no has engordado ni un gramo. Voy a portarme muy mal contigo. Si dentro de una semana sigues pesando igual te pondrán una sonda, tanto si lo quieres como si no; no se te pedirá opinión.

¡Pero si hasta ahora no han pedido nunca mi opinión!

—Si no quieres ser razonable, habrá que tomar medidas.

¿Es eso lo que llaman ser razonable? ¡Decididamente, no tienen ninguna noción de la realidad!

—No se te puede dejar morir. El suicidio está prohibido.

—Lástima.

He visto sus ojos amenazadores tras sus enormes lentes y su maquillaje. Se preguntará para qué sirve todo esto. No, señora, no me cogerá; usted no es más que una solterona amargada, una zorra.

—Tienes una semana para reponerte. Te vigilaré. No creas que hablo por hablar: no es mi costumbre.

Me importa un pepino. Que se vaya. Es una guarra. Ni siquiera vale la pena insultarla.

Para hacer que pueda reflexionar ha enganchado en la pared, frente a la cama, una hoja cuadriculada con las fechas colocadas en sentido horizontal y los kilos en vertical. Ha anotado mi peso con un enorme punto negro, virulento, estridente, que daña mis ojos hinchados, irritados tan sólo por el efecto de la luz. No tengo valor para gritar, me faltan fuerzas. Sólo deseo morir y ellos tratan de impedírmelo, como si no fuera lo bastante consciente para decidir por mí misma. Además se burlan. ¿Por qué quieren que viva si me odian tanto? No lo sé, El punto negro sigue molestándome.

No puedo llorar; todo está seco como una estaca, mis ojos, mi cerebro. Mi mirada está fija, mi espíritu vacío. Sólo hay una idea fija: «No me cogerán.» Sé que es falso, acabarán por doblegarme porque tienen las llaves, porque son los más locos. El mundo que detesto está ahí, tras la puerta. Llena la atmósfera de un aire fétido y nauseabundo que me produce incesantes ganas de vomitar. Oigo sus voces sarcásticas. «Aquí estás bien, al menos no te hacen daño las personas que tanto odias.»

¿Qué debo responder? No tengo fuerzas para replicar.

No lo he oído entrar. Ahí está, con sus minúsculos ojos disimulados detrás de sus lentes cuadrados. También él debe de tener sus complejos. Casi toca el techo con la cabeza, quizá por eso se sienta nada más llegar, o puede ser que esté reventado después de visitar las salas... Se deja caer sobre una silla, con los brazos cruzados, con una mano sosteniéndose la barbilla. Una enorme cabellera rizada, una silueta demasiado gruesa. A «fuerza de forzar» a las personas para que coman, se ha convertido en un obsesionado del plato. A esto se unen una voz demasiado dulce, melosa, y unas maneras que me parecen algo afeminadas. Sin duda, tendrá tendencias homosexuales, ¿no es verdad, señor internista?

Parecía esperar un estallido torrencial de palabras, una gratitud timorata o bien preguntas pusilánimes o de cualquier otro estilo, pero no este silencio. Sin embargo, se arma de paciencia. Su rostro sin energía no expresa otra cosa que una paciencia exasperante.

—¿Cómo va?

Me hace esta pregunta como si me conociera muy bien, con la voz segura del que espera respuesta. Prolongado silencio. Sé que me observa detrás de su muro protector como si fuera un bicho raro o un libro prohibido. ¡Que se vaya! Con su aire testarudo y su cabeza de enajenado, debe de estar aún más loco que sus enfermos. Él sabe muy bien que yo no hablaré. Se considera un sabio en cuestiones del alma y del espíritu y no comprende nada. Ahí está, detrás de sus cristales y su montura grotesca, humillado por mi indiferencia, no quiero verlo. Apoyo mi cabeza entre las manos y observo las miríadas de figuras microscópicas dibujadas sobre el embaldosado como en los calidoscopios de los niños.

Puede estar así durante horas, incluso días, no conseguirá oír mi voz. No tendrán nunca mi voz, ni mis pensamientos, nada. Sin embargo, poseen mi cuerpo, mi libertad, van acaparando una parte de mi espíritu. Él no sabrá nada; sólo yo puedo saber. Todos son unos traidores. Incluso él, con su juramento hipocrático se apresurará a revelárselo todo a esa mujer horrible y fea que detesto. Esa mujer que siempre finge. Ella lo sabrá todo porque es su «deber de madre ayudarme». Imágenes demasiado exasperantes, demasiado turbadoras: no quiero volver a verlas. Los detesto. Quisiera matarlos. Sus rostros se mezclan extrañamente: basuras fétidas, batas blancas que dejan al descubierto piernas varicosas, insignias modestas y feas de enfermera, cajas de medicamentos, rostros exasperados a causa de un continuo rechazo.

Ha salido, prometiéndome con un tono tranquilizador y protector una próxima visita de silencio. Hubiera debido acribillarlo con flechillas, pegarle patadas, dirigirle palabras sarcásticas, pero mi cólera me cegaba demasiado, habría fallado, me hubiese encontrado ridícula, entregada por completo, descubierta...

En el corredor me he cruzado con rostros descompuestos de muchachas asustadas; he oído frases triviales y terroríficas a la vez. Una chica enorme, con el cabello corto, que se acaricia las manos sin cesar, me ha observado con aire malicioso y después se ha echado a reír gritando:

—Quiero saber quién es ésa. Señora, dígame quién es ésa.

Tenía miedo, no osaba moverme y sentía un pinchazo en el costado.

Eres tonta, ella no te hará nada, ya sabes que no es mala. En definitiva, no está más loca que tú, que no sientes ninguna curiosidad por las personas.

Sí, ya lo sé, pero sus ojos verdes y pequeños, sus manos fuertes y blancas..., ¡quieren tocarme! Eché a correr, y ella me ha seguido gritando:

—Quiero saber quién es ésa...

Otra vez estoy en mi habitación acurrucada entre la cama y la pared. El tiempo necesario para recuperar mi aliento, estaba cansada por haber corrido tanto... ¡Qué ridícula puedo llegar a ser! No tengo fuerzas para correr ni para gritar. No, no quiero vivir. Ya soy un cadáver en descomposición, incluso mi espíritu empieza a escapárseme...

Trata de abrir la puerta, entreveo su rostro crispado y reidor y oigo la voz de la enfermera que corre tras ella. Adivino sus lentes saltándole sobre la nariz, sus grandes pechos bajo la bata. Es necesario que piense en algo. Con voz autoritaria, declara sus intenciones. El efecto es radical. Sé que como cada día ella irá a buscar una bandeja preparada para cuatro personas. Me suplicará, intentará ablandarme, se enfadará, probará con el chantaje, la amistad... Acabará por dar un portazo dejándome sobre mis rebanadas de pan intactas y mi café ensuciado por las lágrimas. Dilema insoportable... Sin duda, no podré salir de aquí hasta que no pese treinta kilos. ¡Pero es que no puedo conseguirlo! Sólo el olor me aniquila, hace que me piquen los ojos, me agita el corazón... Todo en mí está encogido.

Me han dicho que ya ha pasado un mes. No habría podido enterarme; entre estas paredes ignoro el paso del tiempo. Se han enfadado al ver el punto negro horizontal y al leer el informe de la enfermera de noche: «Ha llorado. No ha comido nada. No ha dicho nada. Ha mirado por la ventana.» ¿Cómo es que no les da vergüenza? Yo sí siento vergüenza por ellos; me mortifica la vergüenza y la rebelión. Ellos llevan su sátira burlesca al colmo; tienen ojos amenazadores y se complacen en su ridículo chantaje: «Si no engordas un kilo, no verás a tu madre.» Están locos, como si yo deseara ver a esa carcelera con ojos de gavilán que finge «cumplir con su deber». ¿Creen en realidad que espero verla entrar en esta habitación, con su aspecto de perro apaleado, como si fuera ella la que hubiera estado encerrada?

Ha anochecido. La lamparilla azul sigue encendida sobre la puerta como un desafío mudo. Me gustaría respirar el aire del patio, pero no se abren las ventanas. Quisiera leer, pero los libros han desaparecido. Quisiera escribir lo que siento, pero en esta habitación no hay nada más que una mesa sin cajones, una cama muy limpia, un vacío inmenso y ese trozo de cielo provocador.

Ella ha regresado a recoger la bandeja con un aire lleno de desprecio. Ha dado un portazo y ha cerrado con llave. Otra vez estoy sola, sola con lo que queda de mí. No tengo nada que pensar, nada que esperar, quiero morir. Ella me ha dado un montón de somníferos y ha vigilado cómo me los tragaba para comprobar que no los escondía bajo la lengua. No son seres humanos, no sé cómo llamarlos, tendría que buscarles un nombre repugnante, lleno de saña. Hasta mis deseos acaban por desaparecer, me han drogado como a una loca, estoy presa en una camisa de fuerza, he tenido la suerte de no haber nacido en la época en que asfixiaban a los locos entre dos colchones o, más bien, no he tenido esa suerte. Mi voluntad desaparece; en mi interior nace una rebelión incontenible; desearía gritar, pero no puedo. No sé dónde estoy, todo me da vueltas. Oigo a la enfermera de noche que acude a observar los sueños de los niños perdidos, niños que no se han dado cuenta de la locura del mundo. No puedo luchar contra su sucio veneno... no sé ya nada... yo..

2

Estaba acabando el mes de agosto. Yo había ido de vacaciones con Sophie, una antigua amiga. Grave error, porque no nos habíamos visto desde hacía meses y ella había cambiado mucho durante nuestra separación. Vivir con una hermana que se prostituía y una madre que había pasado demasiados años en China, la habían vuelto inevitablemente loca: estaba ojerosa, tenía tics, nos había llegado a pegar con la escoba y dormía durante todo el día. Cuando me marché con Sophie ya estaba «enferma». Al cabo de unos días, ella estaba insoportable, probablemente porque no me comprendía e interpretaba mi actitud ante la comida como un desafío. Entre nosotras había un vacío que no podíamos llenar.

Muy pronto la atmósfera se volvió asfixiante. Su padre, por lo que a mí respecta, adoptaba la mejor actitud: permanecía indiferente. Pero sus tíos, dos viejos amargados y tercos que pretendían ocuparse de mí, hacían escenitas en todas las comidas. ¿Cómo no volverse neurasténica? Cualquier frase proferida en tono altisonante provocaba mi llanto. Al concluir el día acababa siempre llorando junto a aquella amiga indiferente. Al despertarme, tenía el rostro hinchado, sentía vértigos y una fuerte sensación de dolor y odio.

Para no destruir la hermosa tranquilidad de sus vacaciones, ellos hacían la vista gorda ante lo que estaba sucediendo. Yo me sentía mal y, sin embargo, habría rechazado cualquier ayuda. Sabía que sólo pretendería hacerme tragar toda clase de alimentos. Yo buscaba otra cosa, algo desconocido que estaba muy dentro de mí.

El padre de Sophie se marchaba a París durante la semana para atender sus negocios. Como yo ya no podía aguantar más, a las dos semanas le dije que quería regresar a mi casa, que me llevara con él a París. Él sabía que mi madre se había marchado a Túnez, pero le aseguré que telefonearía a mi abuela. Además, era lo bastante mayor como para estar sola una semana.

Mi abuela se enfadó mucho. «¿Cómo te vas a quedar sola? ¿Qué va a pensar la gente? Dirán que tu madre te ha abandonado.» Aquello era ridículo, qué me importaba a mí la opinión de los demás.

Insistió en que fuera a comer a su casa todos los días. Tuve que hacerlo y la hora de la comida siguió siendo un tormento; aquello agudizó mi odio hacia este mundo tan poco comprensivo. Mi abuelo, que estaba paralítico, daba rienda suelta a su cólera al ver que mis platos seguían llenos, por lo que llegué a convencer a la anciana de que mi presencia influía de forma negativa en la salud de su marido. Por una desgraciada casualidad, vivíamos muy cerca, y ella se afanó en traerme comida: carne, hortalizas, pasteles, todo ello sazonado con sus insoportables reflexiones moralizantes. Suerte tuvo de que yo no tuviera fuerzas y que mi deseo de venganza fuera autodestructivo. A pesar de que cada una de sus frases contribuía a mi perdición, me persuadían de que, en efecto, había obrado bien: la intolerancia de las personas es tal que no admiten ninguna conducta diferente. Hay que seguir al rebaño, ser un robot. ¿Por qué no soportaban que alguien se negase a comer? Eso no les privaba de sus platos... era algo que no les concernía... Los detestaba.

Mi madre regresó tan bronceada como carente de comprensión. Enseguida fue a ver a su «mamaíta», quien la puso al corriente de mi estado de salud. Otra vez su obsesión por la balanza, por los acusadores treinta y un kilos. Estaba claro: su «deber» era llevarme al médico de cabecera. Yo lo conocía; se trataba de un viejo desmedrado que no comprendía nada. No quería ir, odiaba a los médicos, el olor de éter, el alcohol. No me gustaban sus consultorios, sus «auscultaciones», sus preguntas. Me esforcé en derramar todas las lágrimas que pude, para ver si las cohibía la mirada acusadora del portero.

Nada, me llevaron a rastras.

El diagnóstico fue tranquilizador para mí. El médico no encontró nada grave y dijo sonriente: «Enfermedades imaginarias de las abuelas.» ¡Menos mal que había alguien sensato. Ahora que habían cumplido con su «deber» me dejarían en paz. No me volvieron a forzar para que comiese, pero me convertí en una asidua de las salas de espera. Análisis de sangre: «nada anormal», «masajista para relajarte», «otro médico porque éste está algo atrasado»... Yo esperaba enfurruñada y colérica, me habían llevado allí a la fuerza y siempre tenía que ir acompañada de mi madre, como si yo no fuese lo suficientemente sensata para escuchar las prescripciones de los médicos. Ellos me mandaban tonificantes que yo arrojaba a la fregadera. ¿Es que no comprendían que yo no quería nada? Todo a mi alrededor eran tarros de miel y tazones de nervios.

La hora de las comidas resultaba particularmente insoportable. Aquella mujer de rostro mate, mi «madre», lloraba y gritaba algunas veces y siempre me perturbaba. No soportaba aquel desafío, prueba de que yo había elegido con acierto. ¿Por qué tenía que estar con aquellas personas que no comprendían nada? «A ti no te importa disgustarme, ¿verdad? Te da lo mismo que no duerma por las noches, ¿eh? ¡Responde al menos! ¿Me escuchas? ¡Responde!» «Entonces, ¿no quieres? Te lo vas a tragar a la fuerza. ¡Estoy harta de tus caprichos! Pero, ¿adonde vas? ¡No te levantes! ¿Me oyes? ¡Quédate ahí!» «Para eso sirve tener hijos: para hacernos sufrir y que ni siquiera nos dirijan la palabra.» Sin comentarios. Los que no encuentren indignantes estas frases deben dejar de leer esto, no comprenderían nada.

Mi madre no solía comentar sus problemas con nadie para no ser acusada. Pero en la empresa en que trabajaba se confió a la asistenta social, que se jactaba de poner orden en los espíritus de las secretarias con dificultades. Ésta, inevitablemente, le dijo que fuera a un psiquiatra.

Todos los psiquiatras tienen aire pontifical y condescendiente: «Pequeña, en realidad no hay ningún problema; lo único que tienes que hacer es comer.» Qué ridículos resultan protegidos tras sus escritorios y sus figuritas de adorno. Con falso aire de seriedad hacen preguntas tontas como: «¿Te entiendes bien con tu madre?» «¿No te duele que tu padre se haya marchado?» «¿Te ves muy gorda?» «¿Preferirías ser un chico?» Nunca hubiera imaginado que fueran tan torpes.

Había decidido mostrarme indiferente. Mientras recitaban sus sermones moralizantes, yo me preparaba a explicar que me encontraba perfectamente bien y que había sido mi madre quien me había arrastrado hasta allí. «Desde luego, yo no comía mucho pero, ya sabe, las madres tienen siempre tanto miedo que...» Aquello no funcionaba de ninguna manera; yo me negaba a hablar y ellos se enredaban en su moral. No podía decirles las cosas que deseaban saber, porque habría confesado que tenía necesidad de confiarme, dicho de otro modo, de regresar a su infecto gabinete. Y aquello no lo quería de ningún modo. Al cabo de un número increíble de conversaciones exasperantes e inútiles que me afirmaban cada vez más en mi autodestrucción y mi silencio, uno de aquellos eminentes caballeros declaró que el hospital era la única solución.

Naturalmente, a mi madre no parecía gustarle la idea: si ella no podía hacerme tragar, nadie más lo conseguiría. Pero mis huesos empezaban a asustarla y buscó el nombre, la dirección y los honorarios del gran psiquiatra de moda. Mientras tanto, yo ni siquiera me rebelaba; sólo podía entrever sus acciones a través de un velo, estaba perdida entre los vértigos, las idas y venidas. Ya no sabía nada, no deseaba nada, salvo que no me hablaran de comida, cosa que no dejaban de hacer.

Fue una conversación parecida a las anteriores; con la única excepción de que el veredicto final fue intransigente. Ante las dudas de mi madre, el sabio profesor decretó que no cabía elección y que si al día siguiente no ingresaba en el hospital por mi propio pie, acudirían en mi busca. Ya no podía continuar así.

—Tendrás una habitación para ti sola; no te forzarán a comer, pero tratarán de saber qué es lo que te ha impulsado a comportarte de este modo. Ya verás, recuperarás el apetito fácilmente. No te preocupes por tus estudios: está prevista la asistencia de profesores. Y sobre todo no pienses demasiado, tranquilízate; las cosas se arreglarán por sí solas.

Y todo esto lo dijo con una sonrisa inocente.

De todos modos, yo no tenía fuerzas para escapar. Por otro lado, si él era sincero, aquello sería el paraíso. Por lo menos los psiquiatras tendrían en consideración mi imposibilidad para comer, me dejarían en paz, nunca se hablaría de ese tema tabú. ¡Maravilloso! Desde luego, yo no sabía nada de los hospitales psiquiátricos y creí de buena fe que iría a una clínica en la que no habría más que pacientes con problemas psicológicos. «Un exilio», dijo él. Yo no estaba loca, por lo tanto, no podrían ponerme con los locos. Pensaba así porque aquello era más fácil que aceptar que me cogerían. No había otra elección.

Aquella misma noche, mi madre me llevó a un restaurante, con uno de sus buenos amigos que yo aborrecía profundamente. Resultaba insoportable ver todos aquellos platos tan bien preparados por un cocinero que, desde hace años, pone en ellos todo su amor mientras que una, ante tanto amor, no puede sentir otra cosa que una invencible náusea. Por fortuna, los aseos son un refugio acogedor, lo malo es que no se puede permanecer en ellos más de un cuarto de hora, a menos que se quiera pasar por obsesa sexual.

Yo tenía la impresión de que mi madre no se atrevía a hablar por miedo a mostrar su indiferencia ante la irreparable catástrofe. Me dijo: «Debes ser razonable, ¿eh? A ver si sales pronto de allí y no me haces sufrir mucho. Será aún más duro para mí que para ti..., lo sabes muy bien.» Evidentemente, ella sólo pensaba en sí misma.

¡Qué curioso! Yo perdía mi libertad y ella se consideraba presa.

Aquella noche al acostarme pensé en escapar, pero sabía que era inútil. Ni siquiera tenía el suficiente coraje para odiarlos ni energía para rebelarme. Yo no era ya más que un montón de huesos. Estaba cerca del fin, si es que ellos me permitían llegar a él. De cualquier modo, no podían hacer nada contra mi voluntad. No deseaba pensar más; ya vería qué ocurría al día siguiente...

Por la mañana me encontré con mi hermano en el pasillo y le comuniqué con aire despectivo:

—¡Ella me lleva al hospital!

Mi madre se apresuró a replicar con un tono autoritario y despiadado:

—Venga, vamos. No te resistas. No voy a ceder.

Te aborrezco.

A través de las ventanillas del coche, yo miraba a todas aquellas personas que conservaban su libertad. Dentro de un cuarto de hora yo ni siquiera recordaría lo que significaba aquella palabra. Hubiera podido saltar abriendo la portezuela mientras ella ponía el intermitente... Me duelen los ojos, tengo ganas de llorar.

PABELLÓN DE NIÑOS LOCOS

3

Es un edificio sucio, con cientos de pasillos que cruzan en todas direcciones. El mostrador de las enfermeras recuerda el de las aduanas:

—Sus papeles.

Los pasos resuenan sobre el embaldosado como bofetadas en pleno rostro. El segundo mostrador pertenece a la sección de chicos: cuerpos deformes, rostros demacrados, gritos espantosos. La enfermera que nos acompaña ni siquiera los mira. Yo no puedo apartar la vista de ese espectáculo y adivino ya, muy vagamente, lo que me espera. El tercer mostrador da acceso al pabellón de las chicas. La enfermera me parece vulgar, fea y fría como una piedra. Una de esas mujeres que no tienen más de cuarenta años, pero que por su comportamiento parecen ser mucho más viejas. Lleva unas medias oscuras y zapatos de abuela. La psicoanalista viene en busca de mi madre y desaparece con ella en el interior de un pequeño despacho, mientras la enfermera me hace sentar en una sala donde unas niñas y adolescentes ensartan perlas y hacen dibujos.

Yo estoy llorando, tengo miedo. ¿Es que no ven a esa niña sentada cerca de la puerta? Pero, ¿por qué se bambolea así? ¿Es que no se fatiga? ¿Por qué esa mirada agresiva? Y esas gemelas... No, no quiero que se me acerquen. No, ¡impídanles que se aproximen! Pero, ¿no dicen nada? No puedo quedarme aquí. ¡Yo no estoy loca! ¡Déjenme salir!

Trato de tranquilizarme: «Bueno, en definitiva no me harán nada.» Una muchachota se levanta y se acerca para mirarme. Qué, ¿no has visto nunca a nadie normal? Qué comportamiento tan extraño: rodea la mesa, describe una curva e, inevitablemente, se sitúa a mi lado. Lleva un vestido de flores muy corto, entre sus piernas veo correr la sangre. Vuelvo a estar asustada, quiero desaparecer bajo la mesa. La enfermera se ríe:

—¡Huy qué sensible! Aquí no valen los sentimentalismos, ¿sabes? Espera un poco y verás. Y tú, ¿es que no puedes pedir paños cuando tengas la regla? ¡Ya te lo he advertido! Venga.

Se han marchado; quizá yo pueda salir corriendo en dirección opuesta... ¡Demasiado tarde! La psicoanalista viene en mi busca. No me gusta su aire meloso. No me cogerá. ¡No, no me cogerá!

Entro con ella en su minúsculo despacho.

Me fijo en el cordón del magnetófono; no le basta con su memoria. Siento deseos de decirle: «A menos que no haya oído nunca su voz, no vale la pena que lo ponga en marcha. Desde luego, la mía no la oirá. Si se cree que me voy a golpear la cabeza contra la pared porque me ha encerrado aquí, ya puede pensar que estoy loca. Estoy segura que su aire tranquilo exaspera tanto a las personas que no pueden esperar ni un segundo para arrojarle su rabia contra el rostro y el micrófono. Pero yo no diré nada.»

—Bueno, ¿sabes por qué has hecho esto?

—¿Hacer qué? No he hecho nada.

—¿Por qué te niegas a comer?

—No.

—¿Tienes una pequeña idea?

—No.

—Estoy segura de que sí, ¿no es verdad?

Ahora empieza su monólogo. Tenga cuidado de que no se le acabe la cinta. No quiero hablar. No deseo que sepa absolutamente nada de mí. No quiero su ayuda. No estoy enferma y usted lo sabe.

—...

—¿Te afectó mucho que tu padre se marchara?

—¿Qué hizo tu madre? ¿Cómo reaccionó ella?

—¿Salías mucho?

—...

—Tu madre me ha dicho que no hablas nunca y que te encierras siempre en tu habitación, con tus libros.

—...

—¿Por qué no has buscado amigos, compañeros?

—...

—¿Es que no tienes ningún amiguito?

Entre ambas se produce un largo silencio. Ella ya se ha cansado de hablar con la pared. Miro hacia el suelo y lloro. Su calma me exaspera; continuaría sonriendo aunque le retorcieras el cuello. No me cogerá; no será usted quien me cuide, no quiero deber nada a nadie. Usted no me cogerá, nadie lo hará.

—¿No quieres hablar? No pasa nada, es normal.

No diré nada ni hoy ni mañana. ¡Nunca! Es una carcelera, la encuentro despreciable, la detesto, se parece a una sucia víbora. ¡Yo también me vengaré!

—Volveré a verte dentro de unos días. Hasta entonces habrás tenido tiempo de reflexionar. De momento, te quedarás en la cama, en pijama, y no tendrás derecho a leer ni a hacer nada; sólo descansarás. Cuando hayas ganado algo de peso, ya veremos; por el momento continuarás así, ¿de acuerdo?

Claro que no. No quiero sus kilos; no ganaré peso. Estoy bien así y me importan un pepino sus comistrajos, ¡guárdeselos!

La enfermera me ha acompañado a la habitación y ha cerrado con llave. ¡Es increíble! No tienen derecho a hacerme esto. ¿Por qué no me dejan morir en paz? Yo no he hecho nada y ellos me han encerrado con llave, como si hubiese cometido algún crimen. Aquí no hay nadie para escucharme; estoy sola. Quieren forzarme a vivir en esta prisión durante siglos, ¿comprenden? ¡Siglos!

He buscado en el bolso los libros que había cuidadosamente escogido; no están. ¡Me los han quitado! Pero, ¿por qué? ¿Qué mal hay en que lea? ¡No tenían ningún derecho! ¡Se han metido en mis asuntos! ¡No me han dejado nada más que el pijama! Siento deseos de estrellar a esa mujer contra los cristales, ni siquiera puedo ver lo que hay fuera. Son horribles, inhumanos.

Me he refugiado en un lado de la cama, con mi cuerpo encogido, no quiero su sucio catre. Me duelen los ojos, apenas puedo abrirlos, tengo los párpados hinchados, pero no importa; lo único que puedo ver son estas odiosas paredes.

¡Que no se crean que me han atrapado en su prisión! ¿Qué pueden hacerme estos imbéciles si yo no les hago caso? Esta sociedad, esta mierda de mundo, esta mierda de razón, esta mierda de vida... No pueden hacerme nada. Acabarán por comprender que es inútil encerrarme. Comprenderán que soy más testaruda que todos juntos. En realidad, los estúpidos son ellos. Ni siquiera reparan en cómo aprecian su estúpida vida. Están dispuestos a lo que sea con tal de conservarla. Pero, ¿qué vida es ésa? Su sucia comida, sus sucias ropas. Con el poder establecido de sus doctores. Juegan con sus pequeños automóviles; resulta divertido conducirlos, girar a la izquierda, ¡bum! Accidente: «¡Cien mil francos para la banca, caballero!» A ése lo encierran porque no ha pagado. «Lo soltaremos cuando pague.» Pero, ¿cómo va a pagar si está en la cárcel? «¡Sólo puede vender sus cigarrillos!»

¿Cómo quieren que recobre las ganas de vivir, como dicen ustedes, si me encierran en un calabozo? No tendré más que un deseo: ¡morir lo antes posible! «Pero ¿por qué?, usted puede salir si lo desea, basta con un pequeño esfuerzo por su parte; comer no es algo tan difícil.» ¡Nunca comprenderán nada! Quieren imponerme sus reglas. No tengo elección.

¡Son ellos los que deberían estar en la cárcel por chantaje!

Procurarán que no tenga ninguna oportunidad de escapar, desean conservar su reputación y su orgullo intactos. También yo querría conservarlos intactos, pero no puedo si continúan agrediéndome de esta forma. Sólo pido que me dejen tranquila, no tenían derecho a mentirme: «Te dejaremos en paz, nadie te forzará a nada.» ¡Cómo me han engañado!

Si yo fuera el juez los condenaría a tres años de cárcel. No creo que la gente de la calle imagine que se pueda encerrar a alguien tan impunemente. Sólo porque ese alguien se siente algo deprimido, acomplejado. «Usted come demasiado; seguro que se ha sentido frustrado alguna vez.» «¿Recuerda si le impidió su madre comer algo que deseaba intensamente?» «Usted está demasiado solo: falta de capacidad para integrarse en la sociedad. No se preocupe, lo vamos a encerrar un añito y todo se arreglará; la comunicación con las paredes le resultará más fácil.» «Usted, por el contrario, es demasiado expansivo. Si lo dejamos seguir en semejante estado, tendrá problemas y estará perdido.»

En la Edad Media me habrían acusado de brujería y me habrían quemado en la hoguera. ¡Ojalá, mi sufrimiento habría sido más corto!

«Vamos, señorita, ¿no se toma todo esto demasiado en serio? Hay millares de personas encerradas en calabozos desde hace mucho más tiempo. Por otra parte, ya la habíamos prevenido. Usted hubiera podido evitar encontrarse en este estado.» ¡No, eso no es verdad! ¡Cállate, hipócrita! Pero, ¿a ti qué te importa si como o no? Quizá todos tenemos un umbral de abstinencia que no podemos cruzar, ¿no es cierto? ¡Ah! ¿No quieres contestarme? ¡Contesta! ¡El mismo grito! Igual que todos esos perturbados. No, yo no soy como ellos. Me callaré, no hablaré nunca más, no quiero utilizar el mismo lenguaje, no pertenezco a su mundo, prefiero morir.

—¡Oh! No te servirá de nada llorar. Venga, come, eso será más útil.

Ni siquiera he oído entrar a la enfermera que ha pronunciado estas palabras. Si ella cree que voy a comer está lista. ¿Por quién me toma? No quiero nada de su asquerosa bandeja ni tampoco me sentaré en su asquerosa silla. Se le ha olvidado traer la camisa de fuerza. Cuidado, podrían multarla por eso. ¿Quiere obligarme a que la acompañe? Ya lo veremos. Evidentemente, usted es una cobarde. No se atreve más que contra los más débiles. De todos modos, aunque esté sentada, no voy a comer. La comida es repugnante. ¿Me oye? ¡Huele mal! ¿Es esto lo que les dan a los otros niños? ¡No me extraña que estén locos! ¿Es usted la encargada de vigilarlos? ¿Quiere volverme loca como a ellos?

—Vamos, no seas terca. Mira esta raja de melón. Estoy segura de que te apetece.

—Se equivoca. No quiero.

—No quiero enfadarme contigo porque es el primer día. Con tu actitud no vas a conseguir nada. Cuanto antes comas, antes podrás salir de aquí.

No puedo decir nada. Mejor así. Parecería ridícula. ¡Oh, no, no me arrastraré por el suelo para suplicarles que me dejen salir! Ya veo su sonrisa irónica dibujándose en sus labios. Tráguense sus platos si son tan buenos. Usted aún se pondrá más gorda de lo que está.

—Te dejo sola un momento. Trata, al menos, de hacer un esfuerzo.

No, no quiero hacerlo. Jamás tocaré sus comistrajos. Usted se dedica a este oficio porque es fea, se venga de la Naturaleza en los más débiles. ¿Por qué lleva el pelo tan corto? ¿Acaso ha estado en la cárcel antes de trabajar aquí? Aborrezco sus ojillos azules y malignos, su rostro minúsculo.

Ni siquiera puedo arrojar su bandeja al cubo de la basura. ¡Lástima! Me aferro a la barra de hierro de la cama. Ella ha tenido la precaución de cerrar con llave para ponerse a salvo. «¡Con esos chicos nunca se sabe!»

Me escuecen los ojos, siento una terrible lasitud. Sólo quiero dormir y sentir el vacío del sueño. Me pregunto por qué creerán que mi «enfermedad» se debe a una cosa muy concreta: «¿Por qué lloras, pequeña mía? ¿Es porque tu papá se ha marchado? ¿O porque tu mamá se ha ido de vacaciones sin ti? ¿Es porque no encuentras ningún amigo?

¿Es porque... no te gustas? Vamos, ayúdame a descubrirlo. Estoy segura de que es alguna tontería, algo sin importancia.» Ni la muñeca doctora ni la muñeca enfermera comprenden que no juego a las muñecas desde hace mucho tiempo. ¡Han llegado demasiado tarde!

—¿Es porque tus papas no se entendían?

—¿Bla, bla, bla?

—¿Bla, bla, bla?

No sé nada, imbéciles. Y aunque lo supiera nunca intentaría explicároslo. Al final encontraré las respuestas, pero usted, señora psicoanalista, no las apuntará en su historial, no: esto sólo me concierne a mí. Usted ha previsto esto también, ¿no? «Será quien haga todo el trabajo». Pero, ¿es que me toman por tonta? Cada vez tengo más claro que no quiero dejarme engañar por vuestras sucias mentiras. Hasta hace sólo un instante, me esforzaba en disimular: «Todo va bien, señor doctor, nunca me he sentido mejor. Sí, estoy un poco triste, pero, ¿es que ustedes no lo están nunca» Todo con tal de no hablar con ellos. Sé que me aliviará hablar, pero lo haré conmigo misma. No me gusta este sitio, ni las personas que pasan y no se paran nunca, las que han decidido mi encierro. «Usted nos pertenece.» Sí, y prostituye mis pensamientos, mis pasos, mi voluntad. Cada gesto, cada palabra, cada actitud me grita: «Nos perteneces y no puedes hacer nada.» «Miradla: triste, introvertida, melancólica... No te preocupes, todos hemos pasado por esto...» ¡Malditos imbéciles! ¡Os detesto! «Venga, vamos alégrate: Te llevo a tomar un té y a comer pastelillos.» Como a los niños, ¿verdad? «¿Lloras? ¿Te gustan los caramelos» ¡Qué fácil resulta! Sus pastelillos son una mierda ¿me comprende? ¿No le gusta que esté triste? Pues a mí sí. Ya ve que puedo escaparme, que no pertenezco a nadie. No me puede obligar a reírme; no, eso no lo conseguirá. Quiero demostrarle que estoy aquí contra mi voluntad y que desprecio su mundo. Además, si yo nunca quisiera comer, usted no podría hacer nada. ¡Oh!, cómo le irritaría comprobar que puedo vivir sin hacerlo, ¿no es verdad? «Ya verán, cederá. Esta mocosa no nos va a fastidiar.» Yo no les fastidio, no les hago nada. Esperen un poco a que sea mayor y verán: me vengaré de todo lo que me han hecho. Mi venganza no será como la suya: cobarde, hipócrita, violenta. En las películas de vaqueros siempre ganan los valientes, los temerarios, pero ustedes no saben lo que es eso. Verdaderamente, no valen la pena. No, gracias; no quiero.

Miradlos, se enfurecen ante mi indiferencia: «Te lo vas a comer, te lo vas a comer, ¿no es verdad? Cómetelo, o te pegaré una bofetada. Responde, mocosa de mierda, ¿te lo vas a comer?»

Cómetelo tú, sádica. Yo no soy culpable de tu rabia; allá tú si te vuelves loca. Puedes abofetearme. Me río de ti. No me asustan tus amenazas. Tú no te apoderarás de mí.

No quiero deberle nada a nadie, ni la más mínima satisfacción, nada merece este horror.

Toco el hierro, frío y liso. No me gusta el hierro. Sí, ellos están hechos de hierro, prefiero mil veces la piedra.

¿Conocen Inglaterra? Es un país frío, de gente burguesa y fría. Fui allí no hace mucho. Te envían de cualquier manera, a casa de personas a las que ni siquiera conoces. Una puede dar con locos o con incondicionales del libre intercambio, incluso con niños sádicos..., todo ello con el pretexto de aprender inglés. Pero la frialdad de esta gente te impide pronunciar una palabra y, encima ellos tachan tu conducta de «incorrecta». ¿Cómo quieren que aprenda a hablar si me siento tan mal? ¡Oh! Les podría recitar de memoria las confidencias del colegio. Pero no es muy interesante. ¿Por qué estoy pensando ahora en esos imbéciles de «anglosajones»...?

A los niños locos les obligan a hacer la siesta. No comprendo nada. Parece un juego de feria. Primero me encierran y ahora me van a dejar salir. ¿Qué efecto les he causado? Divertido, ¿no? El radiador también está enrejado y es de color gris Probablemente pretenden protegernos de las puntas cortantes de los tubos, ya se sabe, con estos críos... No, es demasiado doloroso suicidarse de este modo. Necesitaré guardar los somníferos durante un mes. Pero son capaces de extraerme el veneno del estómago y de aplicarme un segundo tratamiento.

He oído ruido de pasos en el corredor y una voz desconocida.

—¡Silencio! Ahora hay una niña que duerme en esta habitación. No hagas ruido cuando pases por delante. Está muy cansada y no debe despertarse. Cállate, si no te encerraré en una habitación, ¿has comprendido?

—No, no quiero que encierre a Isabelle, hazme el favor, señora, no quiero que encierre a Isabelle.

—¡Venga, cállate! Vete.

¡Qué solicitud! Debo descansar..., pero yo no quiero descansar. Aquí no puedo hacerlo, y ellos lo saben. Me río de ellos, no me cogerán. No pueden hacerme nada más: ya me han encerrado.

No me oirá suplicar: «Hazme el favor, señora...» Eso la excita. Es usted quien necesitaría cuidados médicos, débil mental irrecuperable. ¡Ni siquiera emplearé mis últimas energías en insultarla! No vale la pena. He oído girar la llave en la cerradura. Es un ruido discreto, muy amable, como un timbre de alarma, el desencadenamiento del rencor, de los insultos, de la desmoralización. Prefiero la pared a esta nueva enfermera amenazante; al menos tiene la decencia de callarse. Viene a darme los buenos días. ¡Es demasiado amable!

—Soy la enfermera del turno de noche. Me ocuparé de ti. He venido a darte los buenos días porque sé que te sientes muy triste aquí tan sola. Pero todo depende de ti; eres inteligente y saldrás pronto de esto. Te dejo porque los doctores me han prohibido pasar a verte. Pronto te traeré algo.

Soy la celadora de noche de esta prisión; soy yo quien da de comer a los presos. Si eres lista, tendrás la libertad; depende de ti. Mi astuta amabilidad te hará ceder; siempre resulta, porque los prisioneros están tan traumatizados por la acogida que aquí se les dispensa que todos me cobran afecto enseguida. Algunos incluso prefieren hablar antes conmigo que con el doctor. Y todo eso, ¿por qué, eh? Porque soy amable. La amabilidad debería utilizarse más a menudo, es un arma muy eficaz.

Tú tampoco me cogerás. Si crees que tu tentativa de seducción te servirá de algo, te equivocas. No soy tan imbécil como todos tus locos y locas. No correré el riesgo de decirte ni una palabra.

Me he quedado sola con mi cólera y la promesa de una amabilidad sin límites. Estoy apañada con todas estas bonitas palabras. Se las puede guardar para esas gemelas tan enfermas; veremos si la cosa marcha, como ella dice. Amabilidad y violencia, un buen combinado para la cárcel, el correccional, el psiquiátrico.

4

Mi culpa procede de haber dado muerte a uno de mis padres en un momento de lucidez, lo que ellos llaman «momento del inconsciente», ya saben, el inconsciente personal profundo. Qué, ¿no sabían eso? ¡Si que son incultos! Lo he copiado en un libraco. Si son ustedes unos entendidos en la materia, no sean demasiado severos. En definitiva, este acto forma parte, quizá, del preconsciente, subconsciente, inconsciente familiar, colectivo o patológico; no sé nada, empiezo a iniciarme en la psicología ¿comprenden? Resulta serio hablar de estas cosas en las que todos fingen interesarse, aunque no comprendan nada. Además, ¿qué opinan?: ¿análisis existencial o teoría psicoanalítica de Freud? Están reflexionando. No se apresuren, esto requiere tiempo, ¿qué se creen? No es tan sencillo.

Pero, de hecho, ¿a cuál de los dos he matado? No puede ser mi padre, puesto que hace cuatro meses que no lo veo; pero, si no lo he visto, ¿no será precisamente porque lo he matado? No es posible, me ha enviado cartas... No, debe de tratarse de mi madre... Sí, el día en que ella descubrió aquellas fotos, aquellos billetes de avión... Al hacer la limpieza revolvió sin querer las cosas de su fiel marido y descubrió las pruebas irrefutables de unos amoríos vergonzosos.

—¿Se da usted cuenta? ¡Y encima con una asquerosa criaducha analfabeta! ¡Una mocosa quince años más joven que él, que nos hacía la limpieza en casa hace siete años!

¡Esta infamia dura hace siete años! ¡Me tendrá que oír! ¡Y pensar que hubiera podido ir al Canadá; la empresa le había regalado un billete de avión para mí! Pero no, él prefiere llevar a su amante.

Normal. ¿Qué es preferible, marcharse de vacaciones con nuestra «mamaíta» o con nuestra amiguita? ¡Es evidente!

Yo no comprendía su cólera. Ella estaba al tanto de todos aquellos viajes de negocios injustificados, de aquellas noches enteras dedicadas a buscar un paquete de cigarrillos: «He tenido que recorrer todo París, querida; los estancos están cerrados a esta hora. Ah, sí, me he tomado una copa o dos.» Y aquellas reuniones de negocios los sábados por la tarde. ¿A quién podía engañar con todo aquello? Ni siquiera a una mujer apasionadamente enamorada... y ella estaba muy lejos de estarlo, pero que muy lejos.

—¡Desgraciado! Te pasas la noche de *boîte* en *boîte* y yo sólo tengo cinco francos para hacer la compra.

A lo mejor ella hubiese preferido que hubiera ido de putas...

—Mira, te prometo que nunca es la misma. No tiene importancia. Ya sabes que tú eres la única que cuenta; sólo ando con chicas de mala nota, entre ellas y yo no puede haber nada. En fin, sexo.

O que hubiese tenido una relación con un hombre, uno de esos solterones que a los cincuenta años viven todavía con su madre... Como ése que viene a cenar a veces a casa. Así no habría sentido herido su orgullo femenino, no habría sido más que una historia de homosexuales. Pero, ¡un lío con una mujer! ¡Un auténtico lío que duraba desde hacía siete años!

—No, ¡esto es demasiado! ¡Y pensar que se ha llevado a su hijo con él y a la putilla! ¡Menos mal que no se ha llevado a su hija! Ella es más joven, más vulnerable... Si hubiera tenido dos plazas más, nunca se sabe, habría tenido la jeta de hacerme ir con ella. ¡Toda su gran familia!

Yo, «más joven, más vulnerable», me reía de aquello: conocía a aquella chica; mi padre y yo habíamos ido a Bélgica con ella para uno de aquellos «viajes de negocios». «No, no te preocupes. Valérie no es de esa clase, no dirá nada...»

Ella es hipócrita, ciega, neurótica y sin energía. Él es un traidor, mentiroso, esquizofrénico, obseso sexual, frustrado... no le diré todo, son demasiadas cosas y me da miedo.

Mi madre no ha superado su decepción de adolescente: un amor contrariado. Además, su mamá la traumatizó: le repitió mil veces que no servía para nada, que era fea, perezosa y que nunca sabría seducir a los hombres. Por si fuera poco, la responsabilizó de su parálisis en la pierna a consecuencia del parto: «Nunca serás nada...» El resultado fue que se echó en los brazos «viriles» (un simple error calificativo) del primer amante disponible y trajo al mundo a dos horrorosas criaturitas. Una de ellas fui yo. Por supuesto, todo después del matrimonio: su madre le había prohibido «acariciar» el «torso» de un señor sin que antes hubiera pasado por el horrible eslabón de la cadena que llaman respetuosamente «matrimonio».

Se imaginan lo que sucedió después de todos «estos traumas infantiles que han condicionado su forma de estar en el mundo y de vivir, su personalidad o, más exactamente, su conciencia, ya que han influido en su manera de percibir, de juzgar o de imaginar», como dice Sartre en su *El ser y la nada*.

Centremos ahora nuestra atención en el padre: fue educado por los jesuitas, aunque ya estaba perdido de antemano por una madre viuda que sentía pasión por los jovencitos.

«Tu pobre padre fue detenido por la Gestapo; murió en un baño de agua helada... Qué suave tienes la piel, mi querido pequeño, como la seda, eres tan joven, déjame que te toque. No, eso no, ya sabes que te he prohibido tocar eso, aunque te haga cosquillas. Déjame ver cómo lo tienes... No está mal, aún tienes que crecer para que eso resulte divertido...»

«Te lo he dicho mil veces: no quiero que regreses después de las diez. He corrido el cerrojo para darte un escarmiento. ¿Qué has hecho? ¡Explícamelo! ¿Has estado con una chica? ¿Cómo era? ¿Por lo menos sería bonita? Mucho cuidadito con escoger a un petardo, no lo soportaría. ¡Venga, cuéntame! ¿Qué habéis hecho los dos solos?

¿Qué podía responder si acababa de estar con un chico? ¿Que sus senos eran bonitos y suaves? «Fíjate, mamá, te lo podría presentar; quizá te gustaría. Es muy amable, pero tendría que casarme. A la gente no le gustan los homosexuales. Aunque para la profesión a la que me gustaría dedicarme...»

Él quería ser pintor. No tenía talento, pero esos caprichos no requieren talento; sólo un estómago que soporte el vacío. Evidentemente su mamá le obligó a cursar estudios empresariales; cuando acabó sus conocimientos del mundo empresarial eran los mismos que de dibujo. «Bueno, ahora todo está bien, he encontrado la mujer de interior perfecta. Además, ella nunca se dará cuenta de nada. Cuando hayamos fabricado unos lindos bebés, resultará perfecto a los ojos de la gente... Qué fácil...»

Resulta aburrido hacer el elogio de los padres. Por otra parte, sólo quería divertirme un rato al recordar la cólera de mi madre cuando encontró los billetes de avión para ir a Grecia.

—O sea, que el proyecto del mes de mayo era eso, un viaje a Grecia. ¡Y pensar que yo ni siquiera salgo de vacaciones! Un viaje a Grecia para una asquerosa pareja, ¿estás tú de acuerdo?

Oh, es chocante, ridículo, mezquino, idiota y fútil. Podían haber tenido, al menos, el pudor de arreglar sus problemas a solas. A mí me importan un pepino sus líos. Sí, ese debió de ser el momento en que deseé apuñalarla, pero no lo recuerdo bien. Premeditado, menor de quince años... Habría salido al cumplir los treinta.

Ha entrado la enfermera con un plato de pastelillos; ha hecho una ligera mueca ante mi rechazo y ha vuelto a salir cerrando con llave. Es una mujer vieja. Como mínimo tiene cincuenta años; su voz es demasiado suave. Lleva el cabello corto (el polvo no es limpio) y tiene cuerpo de hombre robusto, aunque con las batas, a veces te llevas una sorpresa. ¿Cree usted que me voy a comer todo lo que comen los niños locos? Pero, deja de decir «esos niños locos»; tú también estás loca, si no no estarías aquí. ¿Comprendes? Estás loca. ¿Comprendes? LOCA: L O C A.

No, no es verdad, aunque, en realidad, ¿qué importa? He perdido mi orgullo, pueden tratarme como quieran, su opinión me deja indiferente. Pero, aunque aparento creerlo, no es cierto. Ya no sé qué pensar. No puedo juzgar nada, todo está falseado. La verdad es que no me son del todo indiferentes; los aborrezco, los odio. No puedo ignorarlos. Ojalá pudiera simular esa indiferencia, hacerles comprender que ellos, y este horrible lugar no representan nada para mí. Como estas camas blancas y feas, repelentes...

Ahí está la mía. Con sus grandes patas, barras por todas partes..., ese blanco cegador... Esta noche me veré obligada a dormir en ella.

No, no la he matado. Ha sido mi madre la que me ha traído aquí y sin embargo, yo no le he hecho nada.

No recuerdo por qué me han encerrado. ¿Es que le sucede a todo el mundo? Quizá es una de sus estúpidas reglas de sociedad: cuando tienes trece años te meten aquí para enseñarte un poco a vivir, para que no puedas renegar de la libertad perdida, que sólo recobrarás cuando te hayas vuelto razonable y te hayas doblegado a su voluntad. Los que se rebelan permanecen aquí por tiempo indefinido; los que se obstinan estúpidamente languidecen de forma progresiva...

No debe de ser tan terrible si todo el mundo ha pasado por aquí. Es lo que ellos llaman misteriosamente la «edad difícil». Uno se siente mal, pero luego todo pasa.

Los que están fuera han seguido la corriente, han cedido al infame chantaje. Todo me es igual. Sólo quiero morir en paz, que me abandonen entre mis límites de «niña terca», ni siquiera son capaces de comprenderlo. ¡Que me dejen en paz!

Me habría gustado estar rodeada de amigos, pero, al mismo tiempo, conservar mi soledad, lo que me ha resultado imposible. Así pues, escogí la soledad y creí que podría resistirlo todo, amparada por mis propios pensamientos. A menudo la soledad tiene un sabor amargo, de abandono. Pero todo en la vida tiene su lado malo. La soledad no te obliga a nada, no hay coacciones ni malentendidos. Además, es hermosa. ¿No la han visto nunca? La mía es muy grande, tiene el cabello negro, dicen que son tristes sus ojos verdes y profundos, demasiado profundos para no ser misteriosos, un rostro que me sigue a todas partes. En casa estábamos siempre juntas, pero la presencia de aquella mujer estorbaba nuestras conversaciones, ella siempre quería estar entre nosotras: «Ésta es mi casa. Tengo derecho a saber lo que sucede.» Por eso íbamos a pasear juntas. Las calles son anónimas, discretas, no registran nada en su memoria, no nos arrojan al rostro las reflexiones malignas amasadas durante días.

¿Conoce el colegio al que va su hijo? ¿No? ¡Ah, a usted le da todo igual! No me extraña. Los colegios son los edificios más horribles que se hayan podido construir, y en ellos suceden cosas muy desagradables. No, desde luego, esto no se expone en los tablones de anuncios ni en los programas. Los padres no admiten ninguna crítica hacia ese «centro educacional» respetado y todopoderoso. «¿Qué quieres hacer sin tu bachillerato? Di. Ah, estos chicos. No se dan cuenta de nada. Se les ofrece una educación, una «cultura», y mira lo que te responden. Si se les dejara solos harían cualquier disparate con su vida. Hay que guiarlos un poco.»

Siempre hay un docente viejo que recita los temas preparados en su primer año de profesorado. «No hay nada mejor que los viejos métodos, ¿sabe? ¿Cómo, es que no le gustan? Señorita, se tiene que respetar un poco a los demás cuando no se sabe de qué se habla. Me dedico a la enseñanza desde hace quince años. ¡No va usted a enseñarme ahora mi profesión! Ya que sabe tanto, ahora mismo va a hacerme un examen. Coja una hoja.»

A la larga, tu actitud repercute sensiblemente en tus calificaciones. Entonces, hay que adularlos; decir siempre que todo es perfecto o mejor no decir nunca nada. Luego se consigue pasar de curso y todo el mundo contento; salvo unos cuantos, pero ésos no importan.

Hay que ir al lavabo de vez en cuando para ver qué se hace allí, pero no es muy recomendable visitarlo con frecuencia. Los profesores, con sus propios lavabos, no se enteran de nada. La chica rubia no puede engañar a nadie. Poco a poco va perdiendo la voz, su memoria falla, está en los huesos. En clase a veces tiembla, pero cuando vuelve del lavabo, con su bolso del que no se separa nunca, ya está tranquila. Siempre nos mira de forma extraña, sin vernos realmente. Nadie parece darse cuenta, o mejor fingen ignorarlo. Por otra parte, ¿qué podrían hacer? Su único cometido es vigilar la ausencia.

Allí es donde se nos propone por vez primera un cigarrillo.

—¿No tienes un poco de dinero?

—Mis padres sólo me dan un franco por semana.

—Bueno, te daré un cigarrillo. Retén la primera bocanada.

En la segunda visita al lavabo te proponen comprar unos pequeños sellos blancos que parecen caramelos de menta. «Esto es diez semanas del dinero que te dan para gastar. No te revuelques.» Y tú te marchas con la promesa de un sueño.

De todos modos, preferiría estar allí antes que en este infecto agujero. ¡Y pensar que sólo llevo un día aquí metida! Sólo me quedan quince años menos un día. Pero no, no es cierto que yo haya matado a nadie. Me he limitado a rechazar sus comistrajos, su droga; eso es todo, aunque para ellos sea un crimen. Tenía que haber cometido un delito mucho más grave, así me habrían condenado a muerte.

¡Dejad de divertiros con esa cerradura! Lo hacéis a propósito. Como con la llave, giráis un trocito de mi corazón y disfrutáis, ¿no es verdad? Confesadlo. ¡Confiésalo, asquerosa hipócrita! Me guardaré muy bien de preguntárselo, pues eso la complacería demasiado.

¡De acuerdo! Me trae amablemente una bandeja.

—¿Sabes? Podría dejarte morir de hambre.

Eso ya está, pero desgraciadamente no soy yo la muerta: es sólo mi hambre. ¿Qué me va a explicar ella? Atención, se sienta en la silla, me sonríe:

—Bueno, espero que comas algo. Quieres curarte, ¿no? ¡Oh, no te voy a hacer nada, puedes mirarme! ¡Pero no así, qué miedo! Si pudiera me escondería debajo de la mesa.

—...

—Fíjate qué postre más bueno. Como no he cenado, tengo tanta hambre que me lo comería.

—Pues cómaselo. Se lo doy, y ojalá se le atragante.

—No eres muy amable. ¿Qué te hemos hecho?

No valía la pena responder.

—Váyase a comer que se está muriendo de hambre.

—Yo no tengo tanta necesidad de comer como tú. Vamos, haz un pequeño esfuerzo. Eres una chica inteligente; deberías comprender que no se puede vivir sin comer y tú quieres vivir, ¿no?

—Claro. ¿Es que no se ve?

—Pues, venga, demuéstralo. Ya sabes, lo difícil es el primer bocado; después pasa solo. Aquí he visto chicas aún más delgadas que tú. Recuerdo una que pesaba veinticinco kilos y medía un metro sesenta...

Es como una competición; todavía puedo perder cinco kilos.

—Nada más llegar se dio cuenta de su situación y se puso a comer desde el primer día. ¡Pudo salir al cabo de los quince!

—A mí me quedan quince años; quince años menos un día.

—¿Te gustaba el colegio? Vamos, respóndeme. Yo no

te he hecho nada. Ya sabes que soy adorable con los enfermos razonables.

Sus argumentos son muy malos. Cuando uno no sabe hablar, debe callarse. ¿Por qué no se marchará? ¡No voy a comer! Puede anotar en su cuaderno que no he comido nada, e incluso lo que le he contestado. ¡Me importa un pepino!

Tengo sueño, señora. Quisiera dormir. Déjeme dormir. ¡Maldita...! Todavía no es de noche. Es verano y los enfermos deben cenar pronto para que hagan bien la digestión. Después de cenar hay que ocuparse de los medicamentos. Estos tratamientos son complicados, ya lo sabe. No tengo reloj, no puedo saber la hora. Pensarán que saber la hora y el día en que estamos retrasará mi curación... Todo retrasa mi curación...

Los días, las noches en los que regresaba de sus supuestos viajes de negocios era mejor no decir nada. Nunca se estaba segura con la vajilla volando, los insultos en suspenso, los formularios de impuestos y las facturas del gas, además de los chismes de la portera.

Había períodos en los que parecían entenderse. Entonces iban a casa de amigos, donde ponían en práctica sus proezas sexuales. Para que no nos enterásemos, cuando se referían a los líos de intercambio decían «hablar». Cuando llegaban a casa, se les oía chismorrear en la cocina. «¡Oh, no entendería nada aunque lo oyese. ¡No te preocupes!» Después de sus comentarios decidían que evidentemente la pareja que ellos formaban era la mejor.

—Ella no se quería quitar las medias, ¿te imaginas?

—Él decía que no era correcto hacerlo así; si hay que mezclar la corrección en esto, estamos apañados.

—Su busto era imponente, pero prefiero el tuyo: es más modesto.

—Sus ojos eran muy bonitos, pero eso no sirve para el asunto.

—¿Y si vamos a su habitación? Ella se ha acostado en

nuestra cama. ¿Quieres que vaya a ver si está dormida? No se despierta nunca, tiene un sueño tranquilo.

¿Como podían saberlo?

¡Oh, no! No soy una obsesa, no me iba a poner a mirar lo que ellos hacían. Ya había visto demasiadas cosas en las revistas pornográficas que estaban escondidas en la biblioteca. Me pregunto cómo se lo hacían para estar tan animados si todo aquello parecía tan desagradable. Trataba de dormirme recordando el poema que debía recitar al día siguiente. Podían hacer lo que quisiesen en mi habitación. Yo jamás llegaría a estar tan corrompida como ellos. Había decidido que no les recitaría la bella poesía que nos habían enseñado.

Todos los jueves y los sábados por la noche nos enviaban a casa de la abuela.

—Estaremos más tranquilos y, además, no hace falta traumatizar a esos pobres niños. La abuela es muy amable, ellos siempre quieren ir a su casa.

Y con razón. Ella por lo menos nos compraba caramelos de limón.

Todo el mundo estaba contento. Los niños dormían tranquilos. Aquello al menos era mejor que la época en que mis padres se tiraban los trastos a la cabeza. A los padres les divierte pelearse. No hay que hacer caso. Las noches en que no estaban juntos sólo se oían los monólogos lastimeros de mi madre. Yo sólo podía pretextar una «terrible migraña».

—¿En dónde has aprendido esa palabra? Soy yo quien tiene todos los motivos para sufrir una migraña. Verás cuando vengan mañana a cobrar el alquiler. Aquí no van a quedar más que las camas.

—Pero eso no es grave, mamá. Iremos a «casa de la abuelita».

—Pensar que se compra tubos de pintura de veinte francos y sólo comemos nueces y arroz desde hace un mes. Fíjate, hace dos semanas se gastó cincuenta mil francos en una noche. ¡Con una puta! ¡Recorrió todas las salas de fiestas nocturnas! Me lo ha dicho un conocido que los vio.

—¿Quién habrá sido? ¿Tu pequeño amante? ¿Sabes?, me importa un pepino si ya no los veo desfilar por aquí, resulta difícil soportar dos padres si además hay que aguantar a sus respectivos amantes. Por fortuna, prefieren la seguridad y la calma de las habitaciones del hotel. Las pesadillas de los niños son un inconveniente: hay que romperse después la cabeza para explicarles cuentos.

Ahora al menos sólo tengo que describir las paredes. Son de un color raro, entre amarillo y blanco.

—Isabelle, dame eso o te encierro. Se lo diré a los doctores. Y el sábado no saldrás de permiso. Vamos, dámelo y no diré nada.

—No, señora, por favor, quiero salir de permiso, por favor, déjeme salir de permiso.

—Bueno, sé razonable, vamos, ya está bien, dámelo.

¡No se lo des, loca! No sabes resistir. Hay que enfurecerla un poco, sólo un poco. Cedes con demasiada facilidad, ¡nunca llegarás a nada!

Silencio. Ella ya ha acostado a los niños locos. Las crisis nerviosas son agotadoras; hay que descansar. Aborrezco el silencio. Ojalá tuviera una radio; podría divertirme un rato, pero me la habrían robado. En el bolso sólo me han dejado el pijama. Es terrible no poder escuchar más que tus pensamientos: es la tortura del silencio.

La crítica, el juicio de tu vida que se ha estropeado sola, casi sin advertirlo, que no parece tener intención de mejorar. Cuando pienso que estoy aquí metida veo con claridad lo que esperan de mí: que reflexione, que utilice las células grises. ¿Qué otra cosa podría hacer? Pero me es igual, nunca sabrán lo que pienso. ¡Nunca! ¡No! No correré ese riesgo. Ni siquiera voy a enfadarme. No, aquí nada sirve para nada. La misma frase corre, se va, vuelve: «No puedes hacer nada, no puedes hacer nada, nada, ¡¡¡NADA!!!»

Te quedarás aquí hasta que sólo puedas vomitar tu asco. Será divertido, ¿no? De verdad, ¿no crees? ¿Es que no eres divertida? Me reiré mucho mirándote.

De hecho, ¿cuál es el objetivo de tu huelga de hambre? Pero si no se trata de una huelga; como una nuez por aquí, un grano de arroz por allí... Ustedes se ríen, sí, es divertido. Y ridículo. Pierdo mi cuerpo de forma insensible, pero no es grave, pues no tengo conciencia de ello. Acabaré por perder también mi espíritu, y eso es peor. Me voy descomponiendo, vegeto día a día en el universo de los carentes de energía, de los sin apetito, de los sin todo lo que ustedes quieran. No puedo correr, es demasiado cansado, necesitaría tres medias horas para reponerme. Puedo andar, sí, pero no abusen...

Siempre tengo delante de mis ojos los colores de un calidoscopio. No soy más que una imbécil. No es una solución dejarse morir así de hambre. Sí, ya lo sé, ¿de qué me sirve? No puedo dar ni tres pasos sin tener la cabeza como un bombo. ¡Estoy muy hermosa, así tan blanca tirando a verdosa, verdaderamente bonita! Pronto me desplomaré sobre el suelo y ellos acudirán a recogerme, riéndose. Quisiera saber qué me está pasando. Seguramente no hay una respuesta precisa y clara: es el deplorable resultado de trece años de vida en su maldito mundo. ¿Qué otra cosa podían esperar? ¿Un agradecimiento?

El sexo a mí no me excita y considero que a la larga resulta enojoso hablar de ello. Pero no puedo hacer nada, pues son los otros, los obsesos, los frustrados, los viciosos, los... Yo también, pero en otro sentido. Así pues, deben comprender que cuando la esposa de su amante está enferma, su marido está de viaje y, además, se ha acabado el dinero, no resta más que una solución: la propia casa. De modo que yo no tengo más que llevar mis lápices de dibujar y los libros a mi habitación. Al principio me cuesta comprenderlo, no quiero irme porque allí hay luces, un aparato de música y palabras, la gran alfombra toda para mí, y en mi habitación tengo que poner orden para poderme echar en el suelo. Ellos empiezan a ponerse nerviosos:

—Ve a acostarte enseguida, te conviene dormir pronto. Venga, a tu habitación.

Me tomaban por una imbécil, pero tanta prisa no engañaba a nadie, y menos a mí. ¿Es que los niños no pueden comprender estas cosas?

Me irrita hablar de mi infancia. Dudo mucho que pueda ser ese período preciso de la vida el que nos empuja a hacer tal o cual cosa. Me sería muy fácil negar la influencia y las consecuencias que ha podido tener, pero no lo hago. Ellos siempre fueron ridículos, humillantes por su falta de pudor, deprimentes por su inutilidad... y una tiene la impresión de no haber sido más que una «asquerosa chiquilla» que pasaba el tiempo paseándose por las calles sin saber siquiera a dónde ir. Todo es más intenso, todo adquiere un segundo sentido por encima del de la infancia, un sentido decepcionante. Afortunadamente, uno no forma parte de todas esas personas y puede escaparse de ellas. ¿SÍ? ¡NO! Mírenlas, mírenlas bien. ¿No ven que son como robots? Van a reñir un poco a sus niños para desquitarse de las broncas del jefe, los enviarán a la cama a las ocho y media para poder hacer lo que quieran con su amante. Los insultan por haberles pedido algo de dinero para sus gastillos... Claro que todo el mundo no es así. Pero cerca de ustedes viven millares de personas semejantes a las que acabo de describir, aunque estas personas «bien» les parezcan intocables, que están a una distancia infinita de esta mezquindad, de esta estupidez.

Verdaderamente, ¿esos recuerdos de infancia pueden ser más importantes que las violentas bofetadas que recibieran después? Si hubiese topado con personas auténticas aunque no hubiesen sido perfectas... no habría abierto las puertas a una muerte cierta. No era ni es mi papel aceptar este mundo. No quería tragarme todos aquellos tarros de miel porque sabía que era yo quien tenía razón. Desde luego yo poseo todos los defectos que he reprochado a esas personas: intolerancia, testarudez, cobardía, hipocresía. Pero eran ellos los que me habían forzado a estar en este mundo. Yo no les debía nada. Eran ellos quienes me lo debían dar todo.

La pared me contempla desafiante. No, no quiero dormir rodeada de cuatro paneles de odio. Quisiera que me hallasen muerta en esta cama...

No hay que pensar en nada. Pronto será mañana y todo irá mejor. Me despertaré de mi pesadilla e iré a pasearme por el Luxembourg, muy temprano... Aunque no sea cierto, es necesario que crea esto por lo menos hasta mañana; después ya inventaré otra cosa. Pensaré que esta cama tiene una colcha bordada... que el techo es rosa muy cálido, muy acogedor... una lámpara para encender... no, no voy a leer, me duelen los ojos. Voy a apagar la luz y a soñar un poco. Cojo mi vientre entre el pulgar y el índice, como una hoja de papel, a fin de burlarme un poco de mí misma. «Ah, eres maliciosa. Pueden aplastarte como a una mosca. Fíjate, un apretón y desapareces.» Por mí ya lo pueden hacer: sólo espero eso. El colchón está duro, nadie lo ha ablandado, imposible: estoy en la habitación de los «anoréxicos», de los tipejos que pesan entre veinte y treinta kilos.

No debo pensar en nada. Mañana se darán cuenta de su error, me dejarán salir...

Mañana. El primer paso para llegar es cerrar los ojos. Negro, tinieblas; intento dormir entre sus malos entendidos, entre un universo de odio y de venganza. No tengo miedo, pues todo me conducirá a la muerte. Tengo prisa por conocerla. Algunos dicen que es una vieja arrugada. Yo sé que es hermosa, es la más hermosa entre todas las mujeres. Únicamente su presencia tendrá el poder de hacerme olvidar estas paredes, estas tinieblas, este horror...

Durante mi sueño, no debo pensar en nada. Debo ignorarlos, hacer como si no me hubieran impuesto este mundo. Estoy completamente decidida a encontrar a mi amante, la más hermosa de todas.

Sí, habéis conseguido encerrarme pero no conseguiréis dominarme. Me resulta indiferente morir aquí o fuera. Nada puede impedirme que me reúna con la muerte. Me espera y yo acudiré a su encuentro, no podréis hacer nada para evitarlo.

5

Chirrían las ruedas de una carretilla... abro los ojos. Todo es blanco, embotado, perezoso.

Me he despertado creyendo que soy una persona «normal» que sólo está cansada; creía que el techo estaba pintado de color naranja y que detrás de las ventanas se peleaban los chicos del barrio.

Me levantaré para demostrarles que lo resisto todo. Mira, no han cerrado con llave. Entra una enfermera. No, es la mujer de la limpieza. Viene a recoger las sábanas sucias. No merece la pena, señora, no he disfrutado de su hermosa ropa de cama.

Ahora comprendo por qué no apoyan las camas contra la pared. Logro distraerme dos minutos viéndola hacer la cama.

Atención, señores doctores, han cometido un error, ponen en peligro los resultados del tratamiento: hay una persona en mi habitación y no trae comida... «Si comes habrá alguien a tu lado; si no comes no habrá nadie.» «Sí, acabarás por esperar las horas de las comidas para poder ver a alguien. Todo será preferible a esa insoportable soledad. ¡Acabaremos por dominarte!» ¡NO!

—Puedes lavarte si quieres. Los otros ya han acabado.

¿Te das cuenta? ¡Qué suerte, el aseo para ti sola! ¡Qué repentina gentileza! ¿Por qué no me humillan más y me dejan sucia y pegajosa como ellos? Venga, háganlo, en el punto en que estoy ya... No, ustedes quieren hacerme un pequeño favor para animarme, ¿verdad? Es necesario que vea qué aire tienen los otros. Quizá también los han escogido al azar. Mejor, podré organizar un plan de evasión.

Primero, simular la mayor debilidad posible, caminar lentamente. Después estudiar la estructura de su barracón, fingiendo un vértigo en medio del cruce de pasillo o en cualquier otro lugar. Después, empezar a lavarme desde la raíz del cabello hasta las uñas de los dedos de los pies... Pero ellos han debido de prever todo esto. El pasillo sólo llega hasta los lavabos. Al otro lado los dormitorios parecen más luminosos, las ventanas no están tapiadas. Yo estoy en la parte de las sombras, las habitaciones para casos de aislamiento. Atención, pronto voy a llegar al cruce de pasillos. En este otro se divisan radiadores enrejados, cristales transparentes y salas.

La enfermera de los ojos azules está sentada en una silla delante del mostrador... Abro la puerta amarilla. Contemplo la limpieza de los lavabos alineados; instintivamente elijo el más alejado. Hay un espejo. ¿Es ése mi rostro? Mis ojos hundidos, perdidos, demasiado alargados para que pueda distinguirlos, casi tengo deseos de reírme de mí misma, sí, es divertido; además, no puedo llorar, me lo impide la hinchazón de mis párpados.

El agua corre entre mis dedos y eso me reconforta.

—Vamos, a almorzar.

Es el momento de salir. Veo que todas se precipitan hacia el comedor, pero, ¿dónde está?

—Señora, ¿quién es ésa? Señora, quiero saber quién es ésa.

La pregunta la hace una muchachota de cabello corto y mojado, que lleva un horroroso vestido a cuadros, calcetines blancos y zapatos de charol. Sus pies miran hacia dentro y cruza nerviosa las manos sobre el vientre. Su cabeza inclinada hacia un hombro se agita continuamente.

—¿Quién es ésa, señora, dígame quién es ésa?

Su piel es lechosa, ojos malignos, llenos de odio, pequeños, verdes, inquietantes.

—¡Isabelle, ven a comer! Venga, deja a esa chica tranquila, no está acostumbrada a esto.

—Me dirás quién es ésa, señora, me lo dirás. Cuando haya comido, tú me lo dirás, señora.

Desaparece con su risita agresiva y burlona. Estoy deprimida, asustada, colérica y angustiada. Afortunadamente, ya estoy sola en mi habitación, no quiero verlas, no lo soportaría ¡Ni siquiera me soporto yo!

No oigo otra cosa que ruido de platos y tazas; también algunos gritos de enfermeras y de niños, de autoridad y de cólera.

En mi cerebro se repite una y otra vez la imagen de esa chica. No puedes esperar nada, no vale la pena. Has necesitado tiempo para comprender, pero no hay esperanza, ¿sabes lo que eso significa? Hace un momento concebías ridículos propósitos de evasión; espera a conocer un poco las reglas del juego. ¿Qué te imaginas? Saben más que tú, ¡lo han previsto todo! ¿Has visto a esa chica? Aquí todas son iguales; estás sola. Sola, y tendrás que ceder a su chantaje, doblegarte a su voluntad. ¡No!

Ya está otra vez la bandeja con el café, las rebanadas de pan seco y la mantequilla rancia. Permanezco postrada en un rincón de la cama. Ni siquiera tocaré vuestros infectos trozos de pan. Tampoco me sentaré «a vuestro lado».

—Vamos, ven a comer. He dejado mi trabajo para estar contigo. Harás un pequeño esfuerzo, ¿verdad? ¿Cómo que no? No sirve de nada ser tan testaruda. Al menos ven a sentarte.

No hacen más que repetir sus frases gastadas y huecas. Ya saben lo que le diría a semejante idiota. ¡Maldita! Fíjate en lo fea que eres. Dan ganas de reír nada más verte. En lugar de golpearla, te aplastas como un calcetín viejo y lloras como una niña. ¡Ah! De este modo no llegarás a nada. Te has equivocado por completo. Esta enfermera te encuentra ridícula. Pero no comeré. No quiero estropearlo todo; he llegado muy lejos para regresar ahora por su recto camino en el que todo está previsto. ¿Me oyes? Mira, ¿no crees que ella es aún más ridícula? ¡Oh! Ya basta, no es un concurso de bromas ¡No quiero nada!

—Hoy te vamos a pesar. Tómate el café; ganarás algo de peso. ¿Te das cuenta? ¡Sólo tienes que pesar ocho kilos más!

No. ¿Pero es que usted se cree que soy un almacén de comistrajos? ¡Ocho! Pero si es una barbaridad. ¡Ocho kilos! Estaría gorda, fea y continuarían mofándose de mí. No quiero; no tengo hambre. No sé lo que es tener hambre y tampoco quiero saberlo.

Pero ellos nunca te dejarán salir. Pueden retenerte indefinidamente. A lo mejor, si comes una rebanada de pan creerán que estás curada y entonces podrías continuar haciendo esfuerzos en tu casa, sola...

¡No! ¡Ellos han dicho ocho! ¡No y no!

—El doctor se va a enfadar mucho cuando vea que no has comido nada.

He visto en su reloj que eran las ocho y media. Ya no estoy encolerizada, sólo completamente desanimada, vacía, sin esperanza.

Hago esfuerzos increíbles para escribir esta historia de forma clara, con abundantes detalles y diálogos. No es por falta de memoria, al contrario; mi memoria lo ha retenido todo, pero yo imaginaba una narración más sutil en la cual sólo habría considerado mi punto de vista, y no el de los que intentan salvar a alguien de un sueño, de una locura. Habría intensificado esta rabia y esta cólera, habría recalcado cada frase, presentado un aspecto horrible y desesperado. Con ello sólo habría dado la impresión de vengarme. Quiero decirlo todo, y me doy cuenta de que no podré ser jamás objetiva, aunque reconozco que son «ellos» los que me han «salvado» de una muerte cierta.

Dicen que me han curado, pero yo sigo rebelándome. Esa mujer, mi madre, no ha desaparecido de mis pensamientos. En cuanto a mi equilibrio...

En realidad, todo el mundo ha perdido. Aquí estoy yo, triste y taciturna, desconfiada y cobarde. Doy la impresión de que vivo y me escondo para llorar. Volverán a encerrarme por depresión nerviosa. Desde luego, les gustaría volver a tenerme en su poder. Todavía siento la angustia del encarcelamiento, la cólera contenida de una injusticia, la rabia de la impotencia. Mis recuerdos son demasiado precisos, las asociaciones son siempre posibles: al pasar frente a los muros de este hospital, siento que me arañan la piel, voy a un jardín público y me asalta el recuerdo de las rejas. Me pongo con ahínco a escribir y vuelvo a, encontrar la soledad. Esta voluntad de continuar a pesar del cansancio, a pesar de mis dudas y su amenaza me une con la otra prisión. Permanecí allí, en la habitación veintisiete, con mis negativas, con aquella existencia angustiosa. Estoy segura de que nunca podré salir de allí.

Al salir, cerró la puerta con llave, dejando su cólera sobre la silla. Yo experimento un pequeño placer que me desaparece rápida y vergonzosamente. No debo pensar más, hace demasiado daño; acabaría por ceder y eso no lo quiero por nada del mundo. Voy a imaginar que soy libre; libre para errar por las calles, convenciéndome de la fealdad del mundo. Qué fácil resulta hundirse en lo negativo, pero lo suyo es peor: ellos se hunden en la corrupción, el chantaje y la indiferencia.

Algunas niñas locas lanzan gritos en el silencio. No las he visto, no las conozco, pero me las imagino como monstruos dispuestos a saltar contra cualquiera, enseñando los dientes... Esos ojos verdes, ese corpachón deforme... Ellos quieren que yo me convierta en algo parecido. ¡NO! Esos labios finos y brillantes, esa risa pérfida, burlona...

—Basta ya, o sabréis lo que es bueno.

¡Oh, sí, basta, no puedo seguir oyendo esos gritos roncos y coléricos, esos ruidos de sillas derribadas, de cuerpos forzados. Quiero ser malvada, egoísta, testaruda. Sólo tengo un objetivo: procurar no morir en este asilo. Ellos no podrán conmigo. Iré a reunirme con mi dueña y ellos se quedarán en su abyecto universo. ¿Has dicho «mi dueña»? No, sucia doctora de los locos, usted también está loca, ¿verdad? ¡Oh, ya la veo venir!

—Así que hubieras preferido ser muchacho para tener una amante como ellos, ¿no?

Usted habría anotado en mi historial: «Se reconocen claramente síntomas de anorexia, rechazo de la femineidad.» No, no le daré ese placer, no le diré tal cosa.

Ruido de llave. Enfermera y báscula, el instrumento de tortura, el instrumento que sirve para tomar decisiones. ¡Huy! ¡Me veré obligada a subirme sobre ese aparato! La aguja anuncia el desastre: treinta y un kilos. «Bueno, eso no es tan terrible, ha dicho; hay quien pesa veinticinco kilos.» Su voz aguda y estridente repite la cifra como si sintiera miedo de ser traicionada por su memoria y corriese el riesgo de anotar en su libreta: «cuarenta kilos».

La llave gira y vuelve a girar en el interior de mi corazón. Voy a poder soñar en paz y consolidar mi deseo, mi voluntad. No eres más que una imbécil, una asquerosa chiquilla, vas a morir. No puedes comprender el horror que representa esta palabra, sólo los niños pueden decir cosas tan espantosas. Bueno, ya saben, si lo prefieren puedo decir «vivir», pero será el mismo grito, el mismo deseo, la misma necesidad. Lo he organizado todo como en un crimen perfecto. Ustedes no pueden verlo, pero sobre mi mesilla he depositado un hilo arrancado de mi pijama, a fin de no perder el curso de los días. Ahora ya son tres; ante mis ojos y mi estómago, que aún está revuelto, han desfilado el triple de bandejas. Todas estas negativas constituyen victorias sobre su poder. No quiero saber hasta qué punto estoy equivocada. En el pasillo hay una niña pequeña de unos cinco años muy guapa: con grandes ojos negros, nariz de perfil griego y una preciosa boca. Me ha mirado con aire desafiante y me ha seguido por todas partes hasta que la enfermera la ha encerrado en su habitación.

—Nadie debe acercarse a esta chica; hay que dejarla descansar.

Una de las enfermeras que más me ha impresionado es una argelina corpulenta, gorda y fea. Su voz es demasiado fuerte y he llegado a aborrecerla porque me ha despertado muchas veces. Esta mañana tenía un peine en la mano y corría detrás de Isabelle para peinarla.

—Por favor, no me peines, no quiero.

Pero ella ha conseguido atraparla y ha empezado a peinarla con violencia; no sé por qué me ha recordado a la enfermera entrando con su báscula.

Aquí está la psicoanalista, serena y bien maquillada. Otra vez quiere provocarme para hacerme hablar. No le diré ni una sola palabra, ¿comprende? ¡Ni una sola palabra!

—Bueno, ¿cómo estás?

¡Cómo se atreve a preguntarme! ¿Es que yo le pregunto si su amante está «bien»?, aunque esta mujer sería capaz de contestarme y de mirarme sonriente.

—Has adelgazado un kilo. ¿Te encuentras mal? ¿Has vomitado?

Ella me toma por idiota. Sé muy bien que las enfermeras anotan el número de bocados; es lo único que les permite hacer su pequeño cerebro, y a mí no me habían podido apuntar ni uno solo.

—¿Has tenido diarrea?

¿Te lo imaginas? Se habrían presentado con píldoras, inyecciones y amenazas.

«Lo haces a propósito. No vas a ser tú quien nos demuestre que uno se puede poner enfermo por obedecer los mandatos de un pequeño cerebro idiota como el tuyo. Haces esto porque crees que nos vamos a desesperar y te vamos a dejar salir, ¿no es así?»

Exacto, pero no te lo voy a decir.

—¿Has reflexionado durante estos tres días?

No, lo único que he hecho ha sido soñar. Falso. ¿Es que

creen posible que una se pueda abstraer de estas paredes, de estos gritos, de estas bandejas con la comida que tortura y desmoraliza? ¿Es que pueden ignorarse las enfermas que pasean por el corredor? ¿Por qué me han metido aquí? ¡No estoy loca! No soy como todas esas chicas, no es verdad.

—¿Qué?

No, ella ni siquiera se pone nerviosa ante el silencio que llega a exasperarme a mí misma. Me ha mentido desde el principio, como todos. Me dijo que el peso no tenía importancia, que sólo había de descubrir por qué rechazaba la comida. Después de saberlo y de ganar algo de peso podría salir de allí. No me dijo nada de nueve kilos, bueno diez, porque he perdido uno por su culpa. Se divierten con mis kilos como si se tratara de un juego. ¿Era una treta para hacerme hablar, verdad? A ellos sólo les interesan los kilos; si los recupero, aunque no lleguen a saber nada de mí, me dejarán marchar. No son más que unos hipócritas, unos charlatanes. No les diré nada.

—¿Qué?

¿Sabe?, no serán sus interrogatorios los que me arrancarán de mi determinación.

—¿Qué?

Sería exactamente igual si usted no existiera.

—¿Querrías hablar con otro médico?

¡Nunca podrán comprender nada! Además, todos tienen aspecto de obsesionados, de desquiciados, frustrados... No necesito a nadie, no quiero nada.

—¿Te han dicho que tendrás derecho a una visita cuando alcances los treinta y cinco kilos?

Ella sabe muy bien que no me lo han dicho... Por eso yo tampoco responderé. Por otra parte, había decidido callarme. Soy terca y obstinada como la vieja enfermera: «Te lo comerás, créeme, acabarás por tragártelo.»

—Volveré a verte dentro de dos días. Si no has ganado peso cambiaremos de método. Adiós.

Desde luego, no hace falta ser psicólogo para llegar a esta conclusión. No puede haber nada peor que el presente método. Ahora sí que no debo ganar peso; debo esperar dos días. No son tan astutos como yo creía. Pero en qué consistirá ese otro método del que me ha hablado... pueden ser hojas de afeitar en la boca, o hacerme tragar... leche vitaminada, llena de horrores insoportables... ¡No! No pueden hacerme eso. Esperaré.

Ayer por la noche al ir al lavabo me crucé con una chica alta y de aspecto cadavérico que caminaba de una forma muy extraña. ¿Qué le habrán hecho? Se lo pregunté a la enfermera que me acompañaba y ella se encogió de hombros. Podría ser más cortés y contestarme. A fin de cuentas, no le he hecho nada; no me arrojo sobre ella como las gemelas, ni le mojo las sábanas, tampoco le robo el postre, ¡incluso le ofrezco gentilmente el mío! Ah, bueno, ¿se trata del secreto profesional? ¿Teme que eso perjudique mi curación? ¿Tampoco quiere que me instruya?, sin duda el trabajo intelectual adelgaza. Cuando pienso en ese psiquiatra mentiroso: «No te preocupes por tus cursos. Hay profesores.»

—Voy a ocuparme de las gemelas; te dejo sola. Confío en ti, ¿eh?

¿Será otra treta? Veo a la chica alta que me observa tras una mampara. La argelina se lava tres espejos más allá, canturreando el último éxito musical. ¿Cómo podrá cantar? ¿Le gustará esto?

—¿Eres tú la que no come? ¡Estás equivocada!

El lavabo está sucio; hay una araña en la pared. Para que sea una auténtica prisión no faltan más que las dobles puertas y los cerrojos. No se apoderarán de mí, no se lo permitiré. Ella espera a que me quite el pijama. ¿No me has mirado bastante?

No se pueden cerrar los retretes. Hay cucarachas y otros muchos insectos semejantes. El ventanuco está enrejado, se puede ver un trozo de cielo. Por un momento parece que me ahogo; ¿dónde está el aire? Siento un calambre que recorre mi cuerpo y se detiene en mitad del vientre, jamás podré volver a mi habitación... Bah, no te preocupes; aún pasarás en ella mucho tiempo, estás lejos de abandonarla. Dentro de dos días conoceré el suplicio que me han preparado, podré organizar mi defensa. Soy ridícula. No me vencerán.

No sé qué hora es. ¿Qué más da? Aquí los días no cuentan. Se apoderan de tu tiempo igual que de tu cuerpo. Sólo tengo derecho a soportar. No lloro; ya no puedo hacerlo más. Mis ojos están secos. Qué lástima, las lágrimas son cálidas, comprensivas, reconfortan.

No puedo ya soñar, las paredes son demasiado agresivas y omnipresentes.

Sólo tengo mis pensamientos para retorcerlos en todos los sentidos. Me reconforta el contacto de mi mano fría sobre mi ardiente piel.

Nunca más me permitiré sentir esa piedad inútil y falsa por los niños locos. No deben conmoverme; son los más inteligentes, los más fuertes; acabarán venciendo. Me dan miedo, consecuencia estúpida del fracaso de mi educación. Querría destruirlos. Son superiores a todos: han sabido rechazar el mundo. No se han equivocado, son felices a su modo. Cuando te miran con sus ojos terribles te están gritando eso. Nadie debe meterse en su mundo; es un terreno privado que sólo les pertenece a. ellos. A su lado me siento estúpida y ridícula. Su inteligencia y su misterio me asustan.

Dos días más tarde creí haber conseguido una victoria. Guardaron la llave en el fondo de un cajón, me devolvieron mi ropa y mis libros, me permitieron ir a los servicios con los demás niños. No hice uso de este último privilegio, desagradable, estúpido y malévolo. Siempre me ha costado mucho soportar la presencia de los demás; me gusta la soledad. ¿Será porque en el fondo soy una orgullosa? Seguro. Prefiero seguir conmigo misma, sólo tengo mis pensamientos, mis ideas, así nadie me contradice. Sé que es una cobardía, pues no hay nadie contra quien luchar. Para no amargarme el día he estado en la biblioteca eligiendo libros y, sobre todo, observando a los niños.

La sala de juegos estaba sucia, como todas las dependencias de este hospital. No había más que una simple mesa y dibujos enganchados en las paredes. Cerca de la puerta, una gorda morena, de cabello corto, se mecía sin parar en la mecedora. Era la que llevaba el vestido floreado el día de mi llegada. La chica se acariciaba los senos y humedecía sus manos con saliva. Yo fingía no estar impresionada; puesto que nadie la miraba todo parecía normal. La niñita de ojos azules lloraba porque no acertaba a ensartar las perlas de cristal y la argelina trataba de consolarla enseñándole cómo hacerlo, pero los gritos cada vez eran más fuertes. Cerca de ella había otra niña de rostro deforme que no había visto hasta entonces Cuando se levantó, me di cuenta que cojeaba y que llevaba calzado ortopédico. Las gemelas se divertían haciendo muecas en un rincón; llevaban pañales de los que trataban de desembarazarse infructuosamente. Isabelle se retorcía las manos, de pie, ansiosa e imponente; no me atrevía a mirarla: me inspiraba miedo.

La educadora explicaba a una chica mayor cómo se hacían los títeres. Aparentemente, ella parecía comprender y respondía con frases complicadas. Me pregunté por qué estaría en aquel lugar. Otra, muy maquillada y bien vestida, se arreglaba las uñas.

Allí sólo había libros de la condesa De Ségur y de Julio Verne. Regresé a mi habitación y me enfrasqué en la lectura de *Las desventuras de Sophie* hasta que se me cerraron los ojos.

Las enfermeras se mostraban reacias al nuevo tratamiento. Yo continuaba inclinando la cabeza sobre las bandejas y no hacía ningún esfuerzo para alegrarme ni para comer.

Con el tenedor escogía el trocito de carne más pequeño.

Ellas se exasperaban y yo lloraba. Me dejaban con mis libros pero nada tenía sentido.

¿Es que no ves, pedazo de imbécil, que te mueres de tristeza y de hambre? Pero te dejarán que llegues al límite para que sufras. ¡Ellos se divierten y tú les sigues el juego! Esto sólo te concierne a ti. Nadie más que tú está encerrado, nadie más que tú vive con los locos. Con las frases del Capitán Nemo y de la condesa Rostopchín, agazapada en mi silencio y mi soledad, tragaba sin reaccionar aquella rabia contra mí misma.

Cada semana venía mi madre, pero yo no la veía nunca. Me traía ropa y libros y se marchaba con los treinta y un kilos en el fondo de un bolso. Para evitar cualquier tentativa, totalmente descartada en mi caso, una enfermera entraba repentinamente en mi habitación y me hablaba de las maravillosas vacaciones que había pasado; así nadie corría el riesgo de encontrarse con nadie. Sus precauciones eran ridículas: ella era el último ser humano al que yo quería ver: Sólo imaginar lo que diría me ponía mala.

—¿Quieres que enferme?

Y también:

—Podrás comprender que no te puedes quedar aquí.

¡Éste habría sido el premio por mis cuatro kilos! ¿Se dan cuenta?

A veces me visitaba una profesora de matemáticas, una mujer de unos cuarenta y cinco años que yo no incluía en el círculo prohibido. Sabía que ella no iría a explicar al doctor lo que habíamos hablado. Era la única persona con la que tenía relaciones «normales», si así puede decirse.

Las enfermeras ya ni siquiera trataban de persuadirme para que comiera; se limitaban a lanzar al aire sus malvadas advertencias.

—Qué bien estás aquí ¿eh? Puedes leer, ir a la sala de

juegos... Te va a costar mucho salir de aquí, te lo digo yo, aunque eso no te preocupa demasiado, ¿verdad?

La doctora, ante mi obstinado silencio, acudía muy raras veces a verme y no me hacía ningún reproche con respecto al famoso peso. Tienes lo que quieres, sí, pero no te dejan salir.

Debía emplear una gran energía para obrar de aquella forma. Me dedicaba todos los insultos imaginables cuando me presentaban la bandeja, hasta que una voz decía: «¡No te lo comerás!» Y luego continuaba oyendo en mi interior: «No quieres salir, te gusta esto, ¿verdad? Eres una estúpida; te vas a pasar la vida entera entre locos, todo porque no quieres comer, y, además, muy pronto te volverás realmente loca.» A fin de escapar a este dilema insoportable, decidía escuchar la única voz verdadera.

Me arrastraban por innumerables pasillos: análisis de sangre, radiografías de tórax, fotografías, psicoanálisis. Con la jeringa en el brazo izquierdo me sacaban la poca sangre que me quedaba.

—¡No preguntes, no necesitas saber para qué te hacemos las pruebas!

Oía mientras sentía el frío glacial del aparato radiográfico sobre el torso desnudo.

Aturdida, acompañada por mis dos guardianas, cruzaba el pabellón psiquiátrico de los adultos... Las primeras veces no podía apartar mis ojos de sus deformidades, de sus muecas... Después desviaba mi mirada instintivamente, temiendo que ellos pudieran contagiarme su locura.

El fotógrafo te ponía delante de una pared blanca y te disparaba sus flashes. La impresión que experimentaba me llenaba de terror y de alegría: me llevaban al pelotón de ejecución empuñando su revólver; dentro de un segundo dejaría de existir.

Un día me mareé y caí en redondo; todavía recuerdo el susto del fotógrafo.

Yo me divertía con sus majaderías de exámenes psicoanalíticos. Me llevaban a un pequeño despacho situado en los pisos secretos de esos asilos-laberintos y me dejaban con una de aquellas mujeres que trataban de parecerse a los hombres y te tomaban por una niña de seis años.

—Voy a hacerte preguntas y tú contestarás lo que quieras, ¿de acuerdo? ¿Sabes lo que son los jeroglíficos?

¿Por quién me habrá tomado? Le señalo amablemente que he aprendido el significado de la palabra en el cuarto curso y que yo debería estar en el sexto si estos imbéciles no me hubiesen encerrado en este burdel.

Saca sus pequeñas fichas «para preguntas» a las que tengo que contestar con la mayor rapidez posible. Vuelve a ponerse sus gafas y coge la segunda serie de fichas, las que verifican las respuestas. La mujer examina su maquillaje en su espejo de bolsillo y después coge la tercera serie de fichas, las de los balances...

—Paul da tres francos a Pierre y éste da cinco a su madre, ¿cuántos ha cogido de su hucha?

—Hay diez cubos sobre la mesa. Stéphanie coge cuatro y Beatrice dos. Pero los chicos les roban unos cuantos. Stéphanie devuelve tres y Beatrice uno. ¿Cuántos cubos faltan?

—Está bien, ahora dime, ¿qué te recuerdan estas fotografías?

Imágenes de círculos y de barras. No, señora, no dejaré que me atrape. No quiero que añada en mi *currículum* «obsesa sexual». También sé que no se deben dibujar árboles con raíces demasiado gruesas: agresividad; ni con muchos frutos: arribismo; nada de muchas flores: romanticismo; no hay que ver en las figuras personas con demasiada frecuencia; sangre jamás; en pocas palabras, no hay que aventurarse. Y además ya no tengo edad para jugar con cubos de dibujos o de colores.

A finales de setiembre hacía ya tres semanas que había llegado aquí. Si trataba de sonreír mis labios se cortaban; todo en mi cuerpo estaba desesperadamente seco. Evitaba los pasillos y a veces preguntaba a las chicas con las que me encontraba:

—¿Qué te sucede?

Respuestas evasivas.

Lo que me chocaba es que allí había chicas aparentemente normales, como la adolescente, a la que veía leer siempre sus libros de texto; nada en ella resultaba anormal, salvo el hecho de que no se mostrara irritada por estar allí encerrada.

Su habitación estaba cerca de la mía; como su tratamiento no requería aislamiento podía salir libremente. Me sorprendió cómo tenía decorada aquella lastimosa habitación de hospital. Los dibujos sobre fondo blanco, los objetos procedentes de una vivienda de suburbio; unas flores preciosas, pero que se volvían deprimentes sobre la mesilla de hojalata.

Que siga en su sucio mundo tal como lo ha creado. Eso deben querer ellos: que nos adaptemos, que nos acostumbremos y nos sintamos a gusto.

Desde su ventana se podía ver el patio que con sus castaños y bancos parecía el de una escuela. ¡Oh, es verdad!, es otoño, ya empieza a cambiar el color de la hoja. Si yo fuera un árbol me volvería muy fea a propósito... Sí, como un patio de escuela aunque las rejas eran más sólidas y más altas.

En este pabellón no había pisos. Si se pudieran abrir las ventanas...; el aire pasa justamente por el último hueco del cristal de la ventana.

Me ha estado hablando de sus padres, de su amiguito, de sus estudios... Yo esperaba la confesión de su crimen, pero ella insistía en que era una «tontería» y volvía a describirme «su» habitación, la verdadera.

Terrible, inhumano, injusto; sé que aquí fuera hay gente mucho más «anormal» que ella. Le administran euforizantes pero su mirada no está vacía, no es gorda ni delgada, tampoco agresiva.... Quizá tiene crisis...

Yo no estaba obligada a conocer los síntomas de las

enfermedades mentales. Para mí, un loco era una persona horrible que debía permanecer encerrado para que no atacara a nadie utilizando sus exacerbadas fuerzas. Alguien completamente inconsciente de su estado. ¡Un loco! ¿Comprenden? ¡Un loco! Un desperdicio, una larva aniquilada por electroshocks y calmantes. Es así como se les describe, ¿verdad? «Mamá, ¿qué hay en ese hospital?» Y te explican todos los horrores de esas personas que «viven a expensas de la sociedad». Como se creen obligados a fingir indulgencia, escogen la frase más falsa, más melosa:

—¿Sabes? Son unos desdichados, pero no se puede hacer nada; sólo tratar de cuidarlos.

¿Por qué se creerá tan dichosa?

—Por la mañana me levanto a las siete para ir a la oficina. Allí escribo un poco a máquina para dar la impresión de que trabajo y después pasamos el rato intercambiando chismes, confidencias, recetas. Al mediodía vamos a ver los escaparates de ropa que jamás podremos comprarnos. Por la tarde nos hacemos la manicura y por la noche nos ocupamos de nuestra queridita familia...

Es una locura suave, respetable, inofensiva; así no los van a encerrar nunca.

Regreso a mi habitación como un viejo peral que no soporta la fuerza del viento. ¿Qué tara voy a contraer quedándome en este manicomio? Resulta extraño que yo no quiera admitir que también estoy inscrita en esa lista funesta, y mi comportamiento no hace más que agravar las cosas: «No manifiesta ningún deseo de salir; sin duda necesita nuestra ayuda, tiene miedo de enfrentarse nuevamente al mundo. Aquí se siente protegida. No hay que forzarla; dejémosla.» ¿Cómo se puede llegar a ser tan testaruda? ¿Es que no piensas comer ni aceptar su veneno de permisos y salidas? Esto sólo te concierne a ti; es estúpido permanecer aquí dentro mientras hay tantas cosas fuera; podrían dejarme salir ahora que me siento bien. ¿Es que a ellos los encierran porque tienen el cabello rubio? ¡Si hubiera que encerrar a todas las personas delgadas!

¡No podrán conmigo!

Hay una nueva enfermera del turno de mañana. Ha regresado de vacaciones. Se trata de una mujercita enérgica y autoritaria. El día de su llegada yo me encontraba en un estado deplorable; no podía contener mis lágrimas coléricas, rabiosas, despectivas; los sollozos casi me ahogaban.

—Y bien, ¿a qué se debe tanta melancolía?

¡Ah, no! No puedo respirar. Esto va en aumento, la bola se hace más grande, jadeo para atrapar el aire.

—Me han dicho que no quieres comer. Deberías estar encerrada en tu habitación sin salir para nada. Son demasiado amables contigo, podrías hacer un esfuerzo antes de que tomen medidas drásticas; pero ya verás, yo te haré comer.

Ya puedes esperar sentada. Si te crees que porque has llegado las cosas van a cambiar estás muy equivocada.

Regresa al cabo de un momento y me sorprende enfrascada en uno de mis interminables libros; mi corazón estaba lleno de ira y mi espíritu prisionero. Esta mujer es más irascible que todas juntas. «Un bocado más, vamos, espabila. Así no engordarás nunca»; me coge la mano y me aparta los dientes con el tenedor hasta que se abre mi boca. Muevo la cabeza con rabia y el contenido de la bandeja se reparte entre el suelo y su bata. Cuando le toca el turno a la carne, ya se ha rendido y sólo trata de que coma unas asquerosas vainillas. Pero la cosa no funciona.

—Ya ves que no puedes seguir así. Acabarán por meterte una sonda por la nariz. Créeme, no ganas nada haciendo todo esto.

¡Pero es que yo no hago nada!

—No te das cuenta de lo que está pasando tu mamá.

¡Ah, no! ¡Déjeme en paz con eso! Se equivoca. También querrá hacerme creer que es ella la más desdichada. ¡Soy yo la que estoy entre los locos, y ella la que me ha metido aquí!

—Sabes, hay que ser muy buen padre y muy valiente para dejar a un hijo aquí. Al venir me he encontrado con tu madre; si la vieses harías esfuerzos, créeme.

Esta mujer se hunde, ha confundido mi cólera con el amor. Mira por dónde, ahora los buenos son los padres. Qué genial. Ellos, que se desembarazan amablemente y sin problemas de su «cosa»: «Con tal de que se recupere, háganle lo que sea.» Y van y firman. Además esta enfermera es una mentirosa, fue el imbécil del psiquiatra quien tenía prevista la intervención de la policía en caso de que..., así que no es ella la que... Aunque sí, la culpa es suya, ya que me llevó a la fuerza a ver a ese loco de psiquiatra.

Le lanzo una mirada furiosa que vuelve a ser mal interpretada:

—¿No te gustaría ver a tu mamá?

Sollozo como un desahuciado a quien se le comunica que sólo le quedan dos meses de vida.

—Mira, voy a hacerte un favor muy especial, voy a pedir a los doctores que te permitan ver a tu madre. Podrá solucionarse todo, pero te advierto que si esto no funciona, te encerrarán. Vamos, come rápido. Desde luego, no sirve de nada ser amable contigo.

Con la cuchara raspa el esmalte de mis dientes. ¡Sucia reaccionaria! Haces venir a mi madre y encima me sujetas la cabeza para meterme hasta el fondo de la garganta ese bodrio asqueroso. Estoy sentada en la cama dispuesta al ataque. Recuerdo una y otra vez sus palabras, pero no, no voy a ceder. La rabia incontenible se apodera de mí hasta que intento dejar de pensar...

El beneficio de la visita estaba previsto al alcanzar los treinta y cinco kilos. Un día para no confesar su derrota me anunciaron un «permiso» de fin de semana. ¡No me volverán a ver! Me escaparé, me suicidaré. Por desgracia no fueron lo suficientemente idiotas como para hacer tal cosa.

—Vamos, no llores. He sido dura contigo por tu bien. ¿Es que no me quieres?

¡Santo cielo la mataría si pudiera!

—Anda, haz un esfuerzo. Todos estamos aquí para ayudarte. ¿Comprendes? Vamos, sécate las lágrimas... Bueno, al menos podrías decirme algo.

—¿Por qué me han metido aquí? ¡No estoy loca!

—Sabes muy bien que en tu casa no habrías comido; los padres no actúan de forma adecuada...

—Ustedes sí: ¡encierran a la gente como si hubieran cometido crímenes!

—¡No seas testaruda! No puedes continuar así. Dentro de poco ni siquiera podrás estudiar. No tienes ningún motivo para sentirte tan desgraciada. Ya has visto a todas esas criaturas en el pasillo; tú no estás enferma como ellas, la mayoría son irrecuperables, en cambio, harían todo lo posible por salir de aquí, no como tú, que rechazas toda la ayuda. Supongo que no querrás pasarte toda la vida en este hospital; ya sabes lo que tienes que hacer. Venga, engorda un poco.

—No puedo.

—Inténtalo, al principio todas dicen lo mismo y al cabo de un mes logran salir.

Ésta me quiere convencer. Bueno, trata de ayudarme. Soy una puñetera, una auténtica puñetera. ¿Es que quiero su compasión? Es la única persona que no me ha tratado como a una loca y por eso no la detesto del todo. Pero, ¿qué es lo que quieres, por Dios? ¿Acabar tus días en un asilo?

—Me voy. Mañana hablaré con los doctores respecto a lo de tu madre. Espero que comas algo esta noche. Estamos desesperados, no sabemos qué hacer contigo.

Esa noche tampoco comí y me sentí horriblemente culpable. Había logrado su objetivo: que creyera que estaba equivocada.

Ya no estaba tan furiosa; sentía que se había producido algún cambio en mi estado de ánimo y empezaba a hacerme preguntas acerca de mi comportamiento. ¿Estaba buscando a alguien para que se ocupara de mi cuerpo? ¿No quería hacerlo yo sola? ¿Esperaba el diagnóstico de mi estado mental? Al fin de cuentas, esté o no loca, si sigo sin comer me retendrán aquí. Seguro que esta enfermera suelta el mismo discurso a todo el mundo, a todas estas chicas demacradas que se empeñan en inclinar la cabeza sobre sus bandejas.

¡Todos son iguales! ¡Unos traidores!, y tú no eres más que una imbécil.

En el pasillo, seguía viendo a los niños locos. Isabelle se paseaba con una braga en la mano llorando porque no se la querían lavar. Se oían los gritos de una niña encerrada, otra se había dormido sobre el suelo. ¿Por qué siento tanto desprecio? No quiero saber nada de ellos.

Me gustaría que las otras reaccionaran como yo. ¿Por qué no me decido? No tengo otra oportunidad, sé que es la única manera de salir de esta cárcel. Pero, ¿qué es lo que espero?

A las diez se apagan todas las luces salvo las lamparillas de noche. La enfermera pasa cada hora. A las ocho de la mañana el carrito de las sábanas sucias me arranca de mi sueño.

—¿De modo que no cenaste anoche? Está aquí anotado: nada. Te traeré el desayuno dentro de un cuarto de hora.

«Te aborrezco, cría asquerosa. ¡No eres más que una cría asquerosa!»

Oigo que las demás crías van corriendo al comedor.

Un enorme tazón de café demasiado azucarado, rebanadas de pan... Te lo vas a comer, maldita y asquerosa cría. No digas que son infectas, ni siquiera las has probado. Además, para ti, todo es infecto.

Mientes. Lo que pasa es que no tienes hambre. No me hagas reír, ¡llevas demasiado tiempo sin comer! Sólo te alimentas de tu dolor. ¡Coge una rebanada de pan! No respires, si no sientes el olor pasará rápido. Me da un vuelco el corazón, la dejo y bebo a sorbitos el café.

¡Mira que eres puñetera! Prueba una vez más, mierda, la cosa no es tan complicada. Confieso que es ridículo, ¿no? ¡No saber comer! Atención. No respiro, la cojo con fuerza. Ni siquiera la miro. Abro la boca, me meto lo que puedo. Demasiado, tengo la boca llena y estoy a punto de ahogarme. ¡Mierda, no quiero!

¡Mira por dónde la pongo nerviosa! La comprendo.

Ella ha logrado convencer al doctor. A las once, una

mujer muy graciosa entra luciendo una gran sonrisa y me dice:

—Hola, querida, ¿cómo estás?

A lo mejor pretende que le responda que me encuentro maravillosamente. Me mira como si no me hubiese visto nunca, con su semblante feliz. ¿Qué me vendrá a contar? ¿Que su abogado no ha conseguido que el juez falle a su favor y que se ha visto obligada a admitir «errores recíprocos»? No, no me dice nada, mejor.

—Por las noches no duermo por tu culpa. Me tienes muy preocupada, voy a ponerme enferma.

Si ha venido para decirme eso ya puede marcharse inmediatamente. Tengo bastante con mis propios reproches y no quiero oír los de los demás. Si como no será para darle una satisfacción a ella. No soy más que una hipócrita, ¿por qué no le digo lo que pienso? No serviría de nada, acabaría por abrazarme. ¡No! Es más fácil callarse. ¡Hipócrita! ¡Cobarde! ¡No vales nada!

Al día siguiente no se había producido ninguna mejoría, por lo tanto, se cerró la puerta con llave. Ante mi cama desfilaron los médicos con su sonrisa triunfal. Se me asignó al doctor loco que describí al comienzo del relato. Y aquí estoy después de un mes de encarcelamiento, de dolores y de odio.

6

—¿Cómo te encuentras hoy?

Mi furia ha desaparecido. No voy a llorar ni a gritar. Tampoco diré nada. Esta gorda enfermera regresará dentro de un cuarto de hora. Ahora vienen de dos en dos pero no me dan miedo.

Le toca el turno al doctor loco:

—¿Qué tal te ha ido con tu madre?

¿Para qué pregunta?, ya está al corriente de todo. ¡Cállese!

—Tu padre está en el Canadá, ¿verdad?

Lo sabe de sobra. No quiero oír nada, me oculto bajo la sábana como si estuviera muy cansada. Hable, señor doctor ¡libérese de sus complejos! Ni siquiera miraré sus lentes de culo de botella. ¿Está realmente tan cansado que necesita sujetarse la barbilla? ¡Vamos, que es usted quien necesita descansar! No fije sus ojos en mí de esa manera. Lo acusarán de neurosis «degenerativa». No vale la pena, no hablaré.

—Esto no te disgusta del todo, ¿verdad?

»¿Te miras a menudo en el espejo?

»Cuando eras pequeña, jugabas con coches o con muñecas?

Sé que quiere demostrar mi poca femineidad. ¿No cree que es un poco pesado?

Se abre la puerta y entra una nueva amenaza.

Intercambian saludos y el internista se inclina frente a la jefe de clínica. Como no quiero mezclarme en la conversación, les dejo a sus anchas. Qué poca consideración, podían haber escogido otro lugar para hablar de un enfermo.

—Dentro de una semana se la sondará, no ha ganado peso.

—Sí, se está divirtiendo demasiado aquí; la trataremos un poco mal para que le entren ganas de salir.

—¿Por qué se aferra a su mutismo? ¿Qué opina usted?

—Venga, responde.

Oiga, que a mí no me ha preguntado nada. No quiero interrumpir su conversación ni rebajarme ante estos celadores de prisión que aplastan a todo el mundo aunque sean ellos quienes tienen las llaves.

El internista empieza a ponerse nervioso de veras.

—Te aseguro que vas a contestarme. Bueno, volvamos al principio. ¿Sabes por qué has hecho esto?

—No.

—¿Tenías problemas con tu familia?

—No.

—¿Cómo reaccionaste cuando tu padre se marchó al Canadá?

Silencio.

—Contesta. ¿Te sentiste apenada?

—No.

—¿Qué hizo tu madre?

—Nada.

—¿Se marchó tu hermano con él? ¿No te habría gustado estar en su lugar?

—¿Te molestó que tu madre haya pedido el divorcio?

—No.

—¿Querías a tu padre?

—No.

¿Es esto un interrogatorio o qué? ¿Qué importancia tiene que responda o no? De todos modos escribirán lo que quieran en mi historial. Basta ya de preguntas ridículas.

—¿Por qué puñetas se interesan por mi padre? Apenas

lo conozco y no quiero hablarles de él. No voy a contestar a preguntas tan estúpidas.

Pero él continúa.

—¿Tenías amigos?

—...

—Venga, di, ¿tenías amigos?

—...

—¿Hablabas a menudo con los demás?

—...

—¿Consideras tontas estas preguntas? Al menos dinos por qué.

No aguanto su estupidez y tampoco me gusta su cara, pero sigue sin enterarse.

—Queremos ayudarte; nada más. Es muy importante saber lo que sucedió antes de que te pusieras enferma.

Ahora se muestran amables. Hay que probar con todo, ¿verdad?

—Peor para ti, pero procura comer antes de la próxima semana, si no ya sabes lo que te espera.

Cuando por fin se han marchado, he dado rienda suelta a mi rabia. ¿Están seguros de su victoria? ¿Qué puedo hacer ahora? ¿Qué pasará cuando me pongan la sonda? ¡No, no comeré nada de sus sucias bandejas con comida para despiadados criminales! No me queda otro remedio que aceptar esta forma de suicidio, tragar el veneno que permite acceder a «la vida, la felicidad, la salida».

Me vengaré una vez esté fuera. ¿Para qué sirven sus métodos si no pueden impedir que las personas deseen morir? Podré con ellos, saldré de aquí y verán. Primero aprenderé a ser hipócrita, a mentirles, a disimular. Una vez fuera podré escaparme, volver a empe...

¡NO!

La enfermera de los ojos verdes ha entrado con la bandeja.

—Aquí está el almuerzo. ¿Has hablado con los doctores?

Silencio. Tengo permiso para lavarme antes de comer.

Parece contenta de verme sufrir, siente un repugnante placer ante mis padecimientos.

He intentado dejar de respirar; miro fijamente la pared y con grandes esfuerzos trato de masticar y tragar... Cada miga se clava en mi garganta como la hoja de un afilado cuchillo. Ella sonríe exultante. Sólo por aquel aire de triunfo hubiera deseado escupirle a la cara su veneno. Pero no, ya me vengaré de ella después, después...

La mujer se ha marchado contenta, y yo me siento muy enferma. Esto ha sido demasiado; mi vientre va a estallar, mi estómago se retuerce de dolor y de rechazo. Como no ha cerrado con llave puedo salir corriendo y a duras penas llego al lavabo, donde descargo mi rencor, mi odio. Todos mis esfuerzos no han servido para nada. No podré salir nunca de aquí; encerrada como un criminal...

Después ella trata de consolarme y animarme.

—No te preocupes, es normal que ocurra esto en la primera comida. No tienes que desanimarte. Confieso que me he excedido con las raciones. Todo irá mejor esta noche, no vomitarás más. Te daré alguna cosa para que tu estómago se acostumbre. No llores así, no es bueno para los nervios.

Es necesario que me olvide de lo ocurrido, si no me será imposible soportarlo; debo refugiarme en mi propio mundo, es el precio de la libertad, el precio de un sueño. Para escaparme debo ser como ellos: parcial, dura, intransigente.

El mundo fuera de aquí es maravilloso. Es muy importante que no dejes de creer en eso. Imagina que las personas son realmente como tú hubieras deseado... que tu casa te gusta muchísimo. Allí te esperan todas las cosas que amas: plantas, perlas, luz tamizada, calor, confianza... Imagina que tienes amigos a quienes les gustaría verte... ¡No! ¡Sí, es cierto! Debes empezar de nuevo. Vamos, las personas... la casa... los amigos... y después, una profesión, la más loca, una que los demás no se atrevan a escoger. ¿Ya lo has hecho? Bueno, ¿a que van las cosas un poco mejor? ¿Lo ves? Sobre todo no dejes de creer en ello...

Ahora abre los ojos, vuelve a pensar en tu sueño... Entonces, ¿qué haces?

Cojo un trozo de pastel que me ofrece mi carcelera... Una profesión... un bocado... un éxito... otro más... la dicha. No, es mentira, no importa; otro bocado para el incienso que arderá en mi casa, mi...

¡NO! Todo es falso. Me estoy cortando la garganta. ¿Ves?, lo has estropeado todo. Hay que empezar otra vez para llegar al final de esta infecta rebanada de pan.

Debo permanecer echada durante todo el día; no puedo hacer nada; se han vuelto a llevar los libros y cualquier cosa que pudiera entretenerme. Lo que no han podido arrebatarme en mi sueño.

Está tan bien elaborado que acapara toda mi atención. Es una solución estúpida que más tarde resultará ineficaz. Pero ahora no quiero pensar en lo que ocurrirá después, sólo me importan los siniestros bocados y la «maravillosa» libertad que me he inventado. No debo pensar en otra cosa. No miraré a esos niños locos, no haré suposiciones, no trataré de comprender, si no careceré de la fuerza necesaria para encontrar de nuevo su mundo degenerado. Sólo esta frase: «Fuera es fantástico.»

Al día siguiente fui a pesarme a la guardería, pues allí la báscula era implacable como un juez. Para llegar a la guardería era necesario recorrer todo el pasillo, pasar por la sección de chicos, atravesar un patio... ¿Es que pretendían que perdiera mi precioso gramo? Por supuesto, yo había pensado en llenarme los bolsillos de cosas pesadas y en tratar de manipular a mi enemiga en el último momento, pero las enfermeras me desnudaron y no me dejaron acercarme a ella más que para «aplastarla» con mi imponente peso.

A pesar de que estaba llena de rabia, había perdido todas mis energías; un descubrimiento vano e indignante. Ahora bien, todo debería poseer un sentido, hacía falta un plan, un objetivo. Yo no sabía hasta qué punto podían hacerme daño sus métodos; por otra parte, ¿qué podía hacer yo? De momento sólo podía esperar; ya tendría tiempo de pensar en ello cuando, sin duda, fuera demasiado tarde.

Yo debía seguir creyendo en mi sueño, si no caería inevitablemente en mi cinismo y en mi negación. El mundo de «fuera» era una especie de paraíso en el que yo entraría. Mientras tanto, podía seguir soñando, bastaba con desearlo.

Al regresar de la guardería me fijé en una chica pelirroja que ocupaba la habitación de enfrente. «Te compadezco; espero que no seas testaruda y comas; es absolutamente necesario que comas. No vale la pena rebelarse; es inútil. Te lo digo yo, come.»

¿Y por qué? Pero si yo como. ¿Qué? ¡No me hagas reír! En cualquier caso la báscula se ha expresado con la suficiente claridad: ¡cien gramos! ¿Te das cuenta? Sí, pero he vomitado, y después sólo queda un día, o sea, una comida, y así ¡durante treinta días! Cien gramos por comida, trescientos gramos por día, un kilo al mes... Podrías tratar de ir un poco más deprisa...

—Nos ha llegado otro caso de anorexia. Es un caso muy difícil, su madre está ingresada en el pabellón de adultos.

Con una falsa inquietud maternal, vigila todos mis actos; los trozos que escogo... ese trozo, no, el otro tampoco.

—Hoy te lo vas a comer todo. No quiero verte criar moho aquí durante un año; sería demasiado estúpido. ¿Te das cuenta?, todo un año por recuperar. Vamos, ya te has convencido de que todo depende de ti, de que tu anterior actitud era inútil.

Ante mí se dibuja la imagen de mi casa. Mi sueño llena mis pensamientos. Quieres alcanzar todo ello y por eso seguirás comiendo. Vuelvo a pensar en la chica pelirroja a la que he tratado de estúpida por haberse dejado morir de hambre, por haberse olvidado de sí misma. Eres como ella... ¡No, come!

—¿Quieres otro postre? ¿Sí? ¡Qué bien!

Otro puntal para mi sueño, una amable señora que se ocupa de mí; y reconozco que es ella quien provoca mi evasión; la prefiero a la vaca de ojos azules.

Al cabo de una semana ya había ganado un kilo; la única alternativa a la desesperación. Me traían cantidades extraordinarias de comida, me obsequiaban con chocolate y otros caprichos. Yo estaba desmoralizada, de vez en cuando deseaba abandonar o ahogarme. Empezaba a entrever el auténtico sentido de mi sueño. La jefa de clínica no volvió y permitió a las enfermeras que me dejaran mis libros. Pero lo que desencadenó definitivamente el mecanismo de defensa fue la presencia de otra anoréxica con la que hablé a escondidas en el lavabo.

La chica tenía el cabello rojizo y crespo; la piel cubierta de pecas, el paso claudicante, arrastrado e inaudible. Me di perfecta cuenta de que me estaba buscando a mí misma mientras mostraba interés por ella.

—Buenos días, yo también soy anoréxica; es repugnante lo que hacen, ¿verdad?

—Sí, estoy harta.

—¿Tú también te pasas el día llorando?

—Sí, es muy desagradable, parecemos criminales.

—¿Has engordado algo?

Vi un destello de cólera y un asomo de duda en sus grises ojos.

—Yo hace cinco semanas que estoy aquí; no estoy de su parte, pero es necesario que comas. Son unos cabrones y no se puede nada contra ellos.

—Sí, trato de comer, pero así, de golpe...

¡Ah! Inténtalo. Hay que cerrar los ojos y el corazón y abrir mucho la boca.

—¿Cuántos kilos tienes que ganar? ¿Cómo? ¿Trece? ¡Es horrible!

Pesaba treinta y dos kilos y medía un metro sesenta, por lo tanto, no se iría de allí hasta que consiguiera los cuarenta y cinco kilos.

—¿Vienes cada día a esta hora? Podemos volver a vernos aquí, por la noche, mientras ella obliga a cenar a las demás. Si lo prefieres puedo ir a tu habitación, ya no me encierran con llave. ¿A ti también te han encerrado?

—Por la mañana no podremos vernos en las habitaciones, hay demasiada gente, nos descubrirían.

—Vamos, oigo sus pasos.

Yo hubiera querido gritarle: «Come, come.» Pero ¿de qué serviría? Entonces, ¿era esto lo que ellos sentían cuando me suplicaban que comiera? Ahora comprendo su odio y su cólera, aunque me ha llevado demasiado tiempo.

Cruza el pasillo con la bandeja y los ruidosos tacones que anuncian su presencia. Mientras me habla observo el sombrerito ridículo, el llamativo carmín de sus labios y su aire decidido.

—Por fin te has vuelto razonable. Ahora ya tienes derecho a pasear un poco; podrás reunirte con las otras en el taller y hablar con ellas.

No la escuches; no podrá dominarte. A ti te traen sin cuidado sus tonterías; no vas a salir para darle gusto.

Lo peor eran las noches aunque finalmente conseguía dormir con Valium, así no tenía que mantenerme despierta en aquella horrible oscuridad.

Siempre que podía hablaba con Christine, la chica pelirroja que seguía negándose a comer. Lo que más me sorprendía era que no parecía estar tan deprimida como yo. Enseguida comprendí la razón.

—¿Tienes ganas de volver a tu casa?

—No, mi padre no deja de beber y ahora está allí solo; mi madre ha sufrido una depresión nerviosa a causa de ese sucio borracho. Si regresara me pegaría, él siempre puede hacer lo que le da la gana.

—¿Irás a vivir a una pensión?

—Mi madre ha dicho que es demasiado cara.

—Pero... es necesario que te encuentren algo. Dime, ¿no te ha metido aquí tu padre para desembarazarse de ti?

—En cierto modo sí. Pero fue la policía la que me recogió después de una inspección médica en el colegio. El doctor dijo que estaba muy grave y que debía ingresar en el hospital inmediatamente. ¡Yo creía que era un hospital normal! Al día siguiente se presentaron a buscarme y me trajeron como si fuera un criminal.

—Te va a resultar difícil salir si no tienes un estímulo.

—Ya, pero no quiero quedarme aquí.

En los yogures, en las sábanas, en las toallas, en todos sitios se leía: «Asistencia pública. Hospitales de París.» ¿Dónde estaba la asistencia?

La argelina me había dicho que vivía en el hospital desde los cinco años; que sus padres no querían saber nada de ella. Pero, ¿por qué? Quizá porque estaba loca... La niñita de preciosos ojos que se llamaba Patricia no tenía padres... La chica del calzado ortopédico había vivido en una institución de religiosas antes de ingresar aquí y su madre no quería volver a verla... ¿Pabellón de niños locos? No, mentira: ¿Pabellón de niños abandonados?

Las oigo llorar por las noches, las veo errar por los pasillos, por la única sala que se han dignado darles y que llaman con respeto «el taller»; veo cómo se retuercen de convulsiones ante la mirada indiferente de las enfermeras... Pero no siento nada en concreto. Quisiera ayudarlas, pero inmediatamente comprendo la estupidez e inutilidad del impulso. Comprendo también que soy profundamente egoísta; pero no puedo hacer otra cosa: debo ser así para poder distanciarme. Esta reflexión me permite descubrir un «defecto» que no me gusta nada.

Es más fácil pensar que nadie puede ayudarles.

No sé nada, sin duda no estoy diciendo más que barbaridades ¿verdad? Todos estos doctores tan sabios deberían volverse locos. Cuando traspasaran la barrera se darían cuenta de los sufrimientos que han inflingido y de su falta de comprensión. Pero no, seguirían sin sentir nada. La palabra «loco» no significa nada; yo también estoy loca. Ustedes también lo están pero ellos más aún.

Lo que me resulta insoportable es esta duda continua. Cuanto más releo el texto, más estúpido, tonto y equívoco lo encuentro; me exaspera. Pero no, en el fondo no me parece tan tonto; si así lo creyera no seguiría escribiendo. Es como si alguien que te estuviese hablando interrumpiera de pronto su discurso porque duda de tu interés, de su capacidad para atraer tu atención y se avergüenza de su torpeza. Éste es el motivo que me impide profundizar en las cosas y me obliga a dejarlas en suspenso. A menos que sea el temor a descubrir la verdad, pues cada vez que estoy convencida de que voy a desentrañar su secreto, todo el andamiaje se viene abajo. Entonces me digo: «¡Sólo concibo suposiciones imposibles!»

Es ése el mecanismo que gobierna mis relaciones con las personas. Me demuestran su amistad, yo la mía, y después, una mirada, un gesto, una palabra, hacen que pierda mi confianza y siento que me invade una duda insoportable: «¿Y si ella no quisiera verme? ¿Seré yo quien la ponga triste?» Si los demás no me demuestran a cada momento que están contentos de que esté con ellos me siento ridícula, desplazada y los abandono.

Creo que mi mayor defecto es el de fiarme de mi intuición, pues no sé utilizarla. ¿Será un oculto deseo de autodestrucción? ¡Vaya! Ya estoy hablando como ellos. Esta frase es también una tentativa de desviación. ¡Pobrecita! Quieres hablar como ellos y no sabes nada. ¡Oh!, no es necesario haber cursado estudios para conocer el significado de los términos. Señor, ¿es que sufro de complejo de inferioridad?, ¿de superioridad? ¿Por qué no tengo confianza en mis pensamientos? ¿Será cierto que a partir del momento en que se toma una decisión se puede sin dificultad modificar el propio comportamiento? Lo siento, no puedo creerlo.

Otra vez es de noche; silencio y oscuridad. En mi casa habría velas encendidas y música... La cama está siempre tan dura que no logro acostumbrarme. Me gusta la soledad, pero no soporto este silencio roto a veces por un grito histérico o por una orden intransigente. Te dejas llevar por tus sentimientos, aún no has aprendido que aquí esta palabra no existe. ¡Tú lo has querido! ¡No! El somnífero no me deja tiempo para reflexionar. Me invade una lasitud irresistible; no puedo hacer nada.

Al día siguiente por la mañana me dan permiso para bañarme mientras los otros desayunan. Está de guardia una enfermera de ojos verdes con su ayudante. Recuerdo que esta enfermera ya me ha acompañado otras veces en mis recorridos por el pasillo; yo con mi ridículo pijama de felpa... aunque no tiene importancia: aquí no le parezco ridícula a nadie. Detrás de los aseos hay una puertecita que siempre he visto cerrada. La enfermera se saca una llave del bolsillo: es un minúsculo cuarto de baño, un lavabo, una bañera y el espacio justo para desnudarse. Dirijo rápido mis ojos a la ventana; no hay esperanzas. Rejas y tinieblas al otro lado; sin duda un callejón sin salida. Ella espera atenta a que me quite el horroroso pijama. Debe estar deseosa de ver cómo sobresalen mis huesos. ¿Para qué se lleva mi ropa? Oh, claro, ¿dónde te crees que estás? Podrías suicidarte, ¿es que no piensas en nada?

Viene a anunciarme que me aguarda un suculento desayuno.

—La otra anoréxica ha ido al baño antes que tú; al ir a buscar la toalla que se había olvidado he encontrado unas rebanadas de pan en la mesilla. Por si acaso, he mirado en la tuya aunque estaba segura de que no encontraría ninguna; sabes que es estúpido hacer algo así.

¡Usted sí que es tonta! Nada es estúpido cuando los adultos se comportan como verdugos. Usted ya sabía que iba a encontrar la rebanada... ¿Qué se cree, que va a ponerse a comer, como por milagro, cuando la deje sola? Vamos, hombre; además no me trago ese cuento de la toalla.

La profesora de matemáticas venía a verme a menudo; me traía chocolate y seguía atentamente mi curva en el papel cuadriculado. Estábamos a mediados del mes de octubre y yo había alcanzado los treinta y cuatro kilos trescientos dos gramos. Lo que significaba que si ganaba seiscientos noventa y ochos gramos más tendría derecho a una visita. No importaba cuál, aunque evidentemente se imponía la de mi madre. «La pobre mujer, sufre tanto por no poder ver a su hijita. Me parece que la has hecho esperar demasiado.» Imposible, no quería verla, no podría. Mi único medio de defensa era el sueño. Sólo tendría que hacerla entrar en él, transformarla, no escuchar sus palabras, inventar otras para aguantar su presencia. Hacer como con las enfermeras, no escucharla. Sé que ella sólo piensa en sí misma, que se enorgullecerá por haber sido implacable conmigo al haberme traído a este lugar. Créeme, no te preocupes, ya no estás aquí, cuando entres no te veré.

Ni siquiera tengo fuerzas para odiarla. Ahora me he dado cuenta de la hipocresía, del «amor maternal».

Pero todavía cabía otra posibilidad que hasta aquel momento no había considerado porque la aborrecía demasiado. Si la hacía entrar en mi universo de sueños dejaría de percibir sus sarcasmos, su incomprensión, su maldad; olvidaría su egoísmo y conseguiría darle unos valores que estaba muy lejos de poseer. No debía seguir pensando en todo aquello, si no su presencia destruiría toda mi voluntad interior, todas las motivaciones que con tanto esfuerzo me había creado y que, me daba cuenta, eran todavía demasiado vulnerables. Había escogido la única solución posible, la más peligrosa, la más cobarde, la más hipócrita: soñar. ¿Qué importaba? Cualquier cosa era buena si conseguía defenderme. A decir verdad, ahora sé que había otras posibilidades más egoístas, más benéficas y también más inteligentes. Pero muy a mi pesar, conservaba aún vestigios de mi estúpida educación: «No hay que apenar a mamá; no hay que aborrecer a mamá.» La indiferencia y el desprecio me habrían apartado definitivamente del mundo «familiar» que deseaba olvidar. Habría podido hacerlo; acabar con todo y hacer la elección decisiva. Pero no, opté por la huida, me refugié en los sueños sin pensar en que esta solución era demasiado fácil. Me habían hecho daño; para disimularlo yo trataba de jugar, pero lo hacía mal, como quien no conoce las reglas del juego.

Ya tenía derecho a salir y a vestirme. Habían llegado otras chicas y aunque el pabellón estaba más animado, no dejaba de tener aquel aire siniestro de siempre. A las gemelas las habían enviado a una institución especial; esto era lo que decían las enfermeras, a saber qué consideraban ellas por «institución especial».

Un día descubrí a una chica nueva que debía medir por lo menos dos metros. Llamaba mucho la atención porque tenía un rostro de niña y se vestía y calzaba como ellas. Sus ojos reflejaban candidez y siempre sonreía. Daba la impresión de tener diecisiete o dieciocho años, pero resultaba muy difícil saber su edad, aunque no podía ser más mayor, pues habría ingresado en el pabellón de adultos.

A menudo yo preguntaba a las enfermeras por la «enfermedad» de mis compañeras, pero ellas no me contestaban nunca, por eso me veía obligada a hablar directamente con ellas. Lo que yo quería era saber qué las había conducido allí.

El primer día que tenía permiso para salir vi cómo ingresaba otra adolescente. La llevaban en una camilla, parecía estar en coma, casi muerta. Era un caso de intento de suicidio con somníferos: «Has hecho mal tus cálculos; debe de ser terrible despertarse viva en un hospital cuando lo que deseabas era no volver a este cochino mundo.» Las enfermeras la lavaban en la cama, la llevaban y traían de la habitación a los lavabos. Cuando pasaban me quedaba absorta, autoculpándome por ser incapaz de mirarla como a un niñito operado de apendicitis o de amígdalas. Su misterio me intrigaba.

En aquella época había en el taller dos educadoras más, puesto que el número de niñas ingresadas había crecido de forma considerable. ¡No iba yo a pensar que la locura hace vacaciones!

A mí me gustaba una de ellas, Benedicte. Era bastante joven y rubia; me recordaba a una profesora de catecismo, pero no era timorata ni intolerante. Ella era la persona con quien más a menudo hablaba; solía reservarme las mejores cosas y a veces me visitaba en mi habitación. Así no tenía yo por qué arrastrarme por los pasillos. La otra educadora era sofisticada y amanerada; se pasaba el día tejiendo ropa para su hijita, sin preocuparse de sus chicas. Ambas nos traían a veces ropa, trozos de pan, periódicos atrasados y revistas infantiles. A pesar de que allí conseguí hasta unas acuarelas, pasaba la mayor parte del tiempo en la habitación, con mis libros y mis papeles.

Tenía la impresión de que nunca había comido tanto en toda mi vida y sospeché que había conseguido pasar de los famosos treinta y cinco kilos. Pero no, ¡había vuelto a descender a treinta y cuatro y medio! Me dejaron los libros y el papel, pero me quitaron la ropa y no me permitieron salir al pasillo. ¿Cómo podían hacer semejante cosa? Ellos sabían que yo no era culpable, que había comido; nadie podía negarlo. No dejaba de tragar sus sucios comistrajos de hospital y todas sus propuestas: «¡Habrá que aumentar la dosis!» Estoy harta, no quiero más, lo voy a dejar correr todo, ¿me entienden? Que me atiborre, me ahogue o no, es lo único que les importa. Les trae sin cuidado mi estado de ánimo. ¡Sólo exigen kilos! La desmoralización, mierda... MIERDA, mierda, mierda.

Me volvieron a pesar después del almuerzo; yo estaba con la mujer de la limpieza cuando un enfermero negro abrió la puerta a mis lágrimas y mi rabia.

—Buenos días. Soy Tony. ¿Tú eres la que no comes? Vamos, deja de llorar.

—No puedo hacer nada si su dichosa báscula está trucada.

—¿Has comido de verdad o sólo has picoteado tres trocitos de carne y dos judías verdes?

—No, he comido. Sólo tienes que mirar las notas.

—Ya lo haré. Dime, ¿por qué no comes? Eso no sirve para nada, ya lo sabes.

—Pero ahora sí como. No es culpa mía si no engordo más.

—No me hagas reír. ¿Has visto a esas de ahí fuera? Son feas, malas y tontas... Hay una grandullona que se levanta la falda cada vez que paso. Pero tú, ¿por qué estás aquí? ¿Por qué no quieres comer? Mira, con lo guapa que eres no querrás quedarte encerrada en este sitio, ¿verdad? Te voy a traer unas rebanadas y te las vas a comer, ¿de acuerdo? No me hagas enfadar.

Tampoco sabía que había personas capaces de bromear, que yo podía sonreír ante frases tan cómicas y grotescas como las suyas. Pero, ¿por qué decía que no comía? Terminaba casi todo lo que me ponían...

—Aquí están las maravillosas rebanadas para la señorita. Ya he visto las notas, pero tienes que comer más para que puedas engordar.

Pero es que yo estoy harta de este juego que no acaba nunca. ¡No soy un cubo de basura! ¡No puedo más, no puedo más!

La anoréxica recién llegada se llamaba Dominique. Me crucé con ella en el pasillo. Era una chica alta, guapa y simpática. Le dieron la última habitación libre y, por supuesto, la encerraron. Pero no se puede impedir que las personas hablen, ¿verdad? Aproveché un momento que había salido la enfermera para preparar las bandejas y fui a verla a su habitación. Aunque no quería hacerlo, nada más verme se echó a llorar. Al cabo de un rato de hablar conmigo y de enterarse de que no era la única que se encontraba en aquella situación, pareció animarse. Sus métodos indignos y traumatizantes hicieron que entre nosotras surgiera la solidaridad.

—No me habían dicho que sería así.

—Imagínate si lo dijeran...

—¿Sabes por qué has llegado a esto?

—¡No!

¿Qué esperaba? Yo aún no había encontrado la respuesta, sabía que no oiría nunca decir: «Pues, porque...» Como si con unas cuantas frases se pudiera responder a todo ese lento proceso de autodestrucción.

—Fíjate en mí. Estaba harta; mi padre gritaba, mi madre lloraba, querían que tomara esos malditos reconstituyentes y yo los tiraba a escondidas.

—Yo también.

—Creía que no los necesitaba, que no estaba enferma. Además todo el mundo estaba pendiente de mí, no sabes lo que es la gente de los pueblos.

Ella decía todo esto con voz triste, desesperada, como si estuviera perdida.

No, no estás perdida; sólo es cuestión de ceder. Tienes suerte de no haber llegado la primera; te voy a poner al tanto de todos sus trucos y artimañas. Ahora ya somos tres; la cosa resultará más fácil: comeremos juntas, nos pesaremos juntas, lloraremos juntas...

—Llegó un momento en el que no comía nada.

—Yo, media rodaja de tomate en todo un día.

Pero ¿por qué, Dios mío? Sentía tentaciones de gritar: «¡Qué estupidez!» ¿Por qué?

No, éramos nosotras las que temamos razón. Nos niegan el derecho a morir de hambre. Son ellos quienes no pueden comprender; nos encierran y nos abren la boca como si fuéramos patos. Una idea amenazante se cruza por mi mente. «Finjo que me doblego pero después ya verán. Me resarciré con días de ayuno y no dejaré que me vuelvan a coger. Ya he comprendido: no podrán atraparme de nuevo.» Yo leía exactamente las mismas palabras en los ojos de todas aquellas chicas, en su aire resignado, mezclado con un rencor insostenible, un destructor deseo de venganza. No podrán forzarnos a comer su veneno durante toda nuestra vida.

—Nunca llegaré. ¿Te das cuenta? ¡Trece kilos! Es imposible. Y, además, ¿cómo pueden recuperarse las ganas de vivir en una... en un asilo, en un manicomio, en sus cuartos de baño llenos de cucarachas y en sus habitaciones sin luz?

—Esto es estalinismo, fascismo, es...

—No, no llores. Tenemos que salir de aquí y después haremos lo que queramos. Deja de llorar, porque yo también voy a empezar a soltar lágrimas.

Por fin encuentro a alguien sensato después de seis semanas de aislamiento y de padecimientos... «Tenemos que salir de aquí y después haremos lo que queramos.» Esta frase hubiera evitado muchas de mis lágrimas, me hubiera reafirmado en mi deseo de recuperar la libertad de mi cuerpo y de mi alma.

—Ya viene. Te dejo y volveré a verte en cuanto pueda, así podremos ayudarnos. Hasta mañana.

Ya habíamos aprendido a caminar sin hacer ruido y sin que nos vieran. Un poco antes de que llegara la enfermera nuestras puertas se cerraban con nuestra impotencia.

—Bueno, espero que comas; he visto que has adelgazado.

Sólo por eso me entran ganas de tirarte a la cara tu sucia bandeja con tu puré pastoso y ese jamón o mejor dicho ese tocino brillante. ¡Te aborrezco!

—Vamos, come.

Sucia marrana, sádica, aunque los sollozos no me dejan comer tragaré de cualquier manera tu asquerosa bazofia. A ti no te importa si estoy enferma. No eres tú la encerrada. No me dominarás, quiero volver a ser yo misma, me importa un pepino...

Mi mano tiembla al coger el tenedor, el corazón me late cada vez más deprisa, No, no puedo volver a hallar mi sueño delante de esta estúpida carcelera que sonríe al verme comer: veinte segundos para tragar una cucharada de puré. ¿Cómo puede haber personas tan asquerosas? ¿Cómo podrá mi estómago conservar todo esto, todo el odio que trago con un poco de tocino y de arroz apelmazado? ¿Cómo soportar esta humillación, este castigo no merecido? Es necesario que lo acabes, que los olvides, que salgas, tienes que... Qué fácil es decirlo... Miro el trozo de pan que ella me ofrece, una corteza rancia.

—Tenías que haberla comido con el puré, te habría pasado mejor.

No contesto. No puedo hacerlo.

Si hubiera tenido un cortaplumas me habría ido a cortarme las venas a los retretes con cucarachas que ni siquiera se pueden cerrar...

—¿Estás seguras de que se ha marchado?

—Sí, la chica que llegó ayer se encontraba mal y la enfermera ha ido a pedir ayuda.

—¿Vamos a buscar a Dominique y nos lavamos juntas?

—La han encerrado con llave porque no se ha acabado la comida.

Siniestro pasillo. La enfermera ha salido, Isabelle ha robado los caramelos de la pequeña Patricia y se ríe cruelmente; mientras se los come se oyen gritos desesperados. El olor de la crema de chocolate invade mi nariz. No, no quiero... No quiero guardar sus sucios comistrajos. Ya sale, por la nariz, por la garganta, por todos los poros de mi piel; de nuevo me hallo sobre mi cama sacudida por los sollozos, incapaz de reaccionar. Es necesario que encuentre mi sueño.

7

A la mañana siguiente recuperé mi voluntad y mi calma. La enfermera de la mañana me soltó el discurso de siempre, pero yo había decidido no escucharme más que a mí misma.

—Venga, no vas a pasarte toda la vida aquí, come.

No hay que escuchar, sólo masticar bien y tratar de encontrar otra vez mi sueño. Tony se presentó con su alegría habitual y me trajo un poco de pan con chocolate.

—Puedes ir a ver a Dominique. La enfermera se ha marchado, ya te avisaré cuando regrese.

Gratitud eterna. Dominique se encontraba en el mismo estado que yo.

—¿Se entienden bien tus padres?

—¡Oh, sí! Nunca se pelean. Llevan un restaurante. Mis hermanas ayudan en la cocina y yo en las mesas cuando estoy de vacaciones. Nunca dejan de bromear, ya tengo ganas de verlos.

—¿No los odias?

—No, ellos han hecho todo lo que han podido, no tienen la culpa de que este lugar sea tan horrible; no podían saberlo.

—¿Nunca reñías con ellos?

—Oh, no; los adoro. Siempre se han portado maravillosamente conmigo.

¿Es que estoy jugando a ser psiquiatra? No, pero experimento cierto placer al comprobar que sus hipótesis quedan entredichas: «Eso pasa cuando el padre se marcha, la madre es demasiado protectora, la hija es inteligente y guapa o cuando se produce un rechazo de feminidad...»

—Al principio no comía porque me veía demasiado gorda; después, aunque estaba en los huesos, ya no pude tragar ningún alimento. Pero no quiero decírselo a los médicos porque se reirían de mí; les cuento el rollo de que no sé la razón y basta.

Por eso retiran los espejos; tienen miedo de que veamos los estragos que puede causar su veneno. Por eso siempre insisten en lo mismo: «¿Te veías demasiado gorda?» Sería tan fácil...

Había vuelto a ganar peso. La sádica enfermera hacía subir la curva y marcaba en el fieltro negro la cifra exacta. Dominique había ganado cien gramos, cien gramos... Christine había perdido doscientos. Todo aquello me parecía sumamente mezquino. Seguía oyendo las interminables frases de Isabelle: «Señora, si me haces el favor, dame una rebanada de pan; señora, quisiera una rebanada de pan, por favor, señora, dame una rebanada de pan.»

Cuando las enfermeras se ausentaban recibía visitas como la de Brigitte, la giganta con rostro de niña.

—Vengo a verte porque debes de estar muy aburrida. Mi mamá vendrá mañana. Aquí nadie es simpático conmigo, pero tú pareces buena chica. Mi mamá vendrá mañana; mi mamá es buena, mañana vendrá a verme tu mamá, mi mamá...

Sus ojos se perdían en el vacío; yo estaba algo asustada y deprimida. No llegaba a comprender o no quería aceptar que no había nada que comprender.

La argelina venía muchas veces a fastidiarme.

—Ya verás. No voy a dejar que hagan conmigo lo que quieran; yo soy muy fuerte. ¿Tú ya comes? Esta noche de postre tenemos milhojas. Yo ya he comido dos y quizás robe el de la enfermera, están tan buenos...

Aquellos dulces eran horrorosos, rellenos de una especie de crema empalagosa y descolorida.

—Ahora me voy a ver la televisión y a vigilar que Isabelle no entre en mi cuarto. Después vengo, ¿vale?

Yo no oía nada, prefería refugiarme en mi libro. Tenía la impresión de no existir.

Aquella noche me encontré en el lavabo con la suicida frustrada. Estaba pálida y parecía que le costaba mucho lavarse, como si sus miembros estuviesen adormecidos. Le pregunté si se encontraba bien. Me miró con sus ojos tristes y vacíos: «Sólo puedo sentirme mal; tengo que vivir y es un crimen.»

—¿Dónde está mi dentífrico? ¿Quién me ha cogido mi dentífrico? Dime dónde está mi dentífrico, quiero mi dentífrico.

Isabelle me cogía las manos y me gritaba al oído; repetía una y otra vez lo mismo, de forma exasperante y obsesiva. Su contacto me repelía. Salí corriendo hacia mi habitación. No eres más que una cría despreciable, miedosa, no te gusta el contacto con las pieles húmedas y sucias, la piel de los locos...

—Devuélveme mi dentífrico. Ella me ha cogido mi dentífrico, quiero mi dentífrico...

Al entrar en mi habitación se detuvo en seco. Se reía nerviosamente, siempre con esa risa agresiva y con sus ojos llenos de maldad. Vio el libro sobre la mesa, lo cogió y empezó a destrozarlo.

—Devuélveme mi dentífrico, quiero mi dentífrico, ella ha cogido mi...

—Isabelle, sal de ahí. Déjala tranquila, venga. Mira lo que has hecho. ¡Lo has destrozado!

Por una vez esta mujer llega en buen momento. Me quedé llorando acurrucada en la cama. Señorita distinguida... nunca me habituaría.

Aquella noche tuve una pesadilla horrorosa. Era yo la que gritaba: «Devuélveme mi dentífrico, quiero mi dentífrico...» Terrible y loca, gorda y lívida, me había convertido en aquella chica horrible y repulsiva. Me desperté sollozando de horror y de vergüenza, y también de miedo: ¿me convertirían ellos en algo así? ¿Me dejarían salir alguna vez de aquella asquerosa cuadra? Una araña me rozó el brazo mientras me lavaba. Grité de horror, desesperación y rebelión.

Un día de pesada ingresó una chica justo antes de que me llevaran a la guardería junto con los demás anoréxicos. A la nueva se le había diagnosticado depresión nerviosa; por el pasillo me crucé con su madre que lloraba egoístamente.

—Pobre hija mía, ¿cuándo podré verla? Déjenme quedarme unos minutos.

—No, señora, regrese a su casa. Nosotros la cuidaremos, no se preocupe. Verá qué pronto vuelve a casa, tranquila, simpática y adorable.

O sea, «atiborrada de calmantes y de euforizantes». La chica en cuestión gritaba sin parar:

—Quiero ver al doctor, tráiganme al doctor...

Dominique le dirigió una mirada de desesperación y de piedad que me sublevó; todavía no había comprendido que aquí la piedad no debe existir.

La báscula marcó treinta y cuatro kilos novecientos; la enfermera anotó treinta y cinco en su ficha, mostrando en su rostro la espera del reconocimiento eterno. ¡Te detesto! A continuación telefonearon a mi madre para que viniera inmediatamente. No valía la pena que se apresurara... Aquello sería terrible..., pero no había que enfadarse ni gritar: me tomarían por una histérica y me administrarían calmantes.

Atención, pasos... La enfermera me anuncia con cara de orgullo y suficiencia: «Tu madre.» Entra una mujer bronceada, maquillada, de sonrisa forzada. Me examina como a un bicho raro, siento sus ojos bajo mi ropa, paseándose por mi cuerpo, comprobando la mejoría de mi estado. ¡La aborrezco! Se inclina hacia mí y me coge las manos nerviosamente. «¿Te gusta la porquería que no te deja dormir?» No, no diré nada.

—Bueno, querida, ¿cómo estás?

Sin el «querida» hubiera jurado que hablaba la psicoanalista. No puedo más. Mierda, vuelvo a perder, ya sale, estalla como una bomba.

—No llores... ¿No estás contenta de verme?

Evidentemente no podía esperar que ella comprendiera. Estoy segura de no haber aborrecido tanto a alguien en toda mi vida.

—¿Te das cuenta del dolor que me causas?

Venga, suelta tu monólogo quejumbroso. Continúa... Me calmo un poco, ¿es que he olvidado mi sueño? No, ella se mete en su interior como una sucia víbora; estoy obligada a aceptarla, si no todos mis fantasmas se desvanecerán.

Silencio. No seré yo quien hable la primera.

—¡Ah! ¡Qué susto me han dado! Mi jefe me ha llamado a las nueve y diez para decirme: «Es del hospital; dicen que vaya con urgencia.» ¡Imagínate, he cogido un taxi corriendo...!

Te podías haber quedado en tu querida oficina. No te pongas nerviosa, no la escuches. Dentro de un rato ni siquiera la oirás. Ya que está aquí que te sirva para algo, que te traiga cosas decentes de comer. No sé..., pasteles de chocolate, algo que engorde. Espero que no esté a punto de comenzar un régimen. No, no se atreverá.

—Qué, ¿no tienes nada que contarme?

¿Qué quiere que le explique? ¿Lo que he visto aquí? Las arañas, las cucarachas, las niñas locas, el silencio, el sufrimiento. Ella no sabe escuchar; se limitaría a comprobar cuántos centímetros se han ensanchado mis caderas con su indignante aire de propietaria.

—Tráeme algo de comer en cantidad suficiente para que pueda repartirlo con mi compañera de al lado.

—Muy bien.

Me fastidia la cara que pone al enterarse de que no volveré a tirar sus dulces, la mantequilla ni las tabletas de chocolate «con nueces, porque tienen vitaminas».

—Recuerdos de la abuela.

No, nunca podré soportarlo. No quiero saber nada de mi abuela, ¡me importa un pepino!, pero procuraré no enfadarme, no sirve de nada tratar de explicar las cosas a personas tontas, no es culpa suya si no puede comprender.

No hacer nada, no verla ni oírla más. Su voz me martillea los tímpanos. Quizá no es culpa suya que sea tan idiota. Intenta contener sus lágrimas, la pobre está emocionada... Es necesario que haga un poco de comedia, que finja quererme: «Me he alegrado tanto de ver a mi hijita.» Sólo piensa en ella, si me quisiera no vendría a hablarme de sus jaquecas nocturnas, de la abuela, de la oficina... Ya puede llorar cuanto quiera, nunca podrá convencerme: ya he derramado demasiadas lágrimas. Resulta ridícula representando mal el papel de madre para apaciguar su conciencia: «Si no me preocupo es porque no soy una buena madre.» No, no lo ha sido nunca ni lo será jamás.

—No podré venir todos los días porque el trabajo me lo impide.

¡Vaya!, ahora que ha cumplido con su deber puede marcharse tranquilamente, orgullosa de dejar a su hijita en buenas manos. «Sí, está muy bien, me ha pedido que le lleve cosas de comer. Está contenta, es un hospital tan limpio y agradable...», recitará al amante que la espera a la salida, así prepara ella su defensa y su alegato de inocencia.

No tienen ningún respeto, apenas sale mi madre entra el loco despeinado, con sus gruesos lentes de acomplejado y sus preguntas de siempre.

—¿Cómo ha ido?

Lo sabes muy bien, pero pretendes que llore en tu hombro; ya puedes esperar sentado.

—¿Qué?

¿Es que no le habrán enseñado a ser amable? ¿Será porque sólo tengo trece años? Bueno, en realidad voy a cumplirlos dentro de una semana en este asilo. Pero no tiene ningún derecho a decirme con ese desprecio «¿Qué?»

—¿Te ha alegrado verla?

Ha puesto el dedo en la llaga... no responderé, no tengo que ponerme nerviosa, perdería cien gramos.

—¿Has empezado a menstruar?

Debe de sentirse superior porque no tiene esas sucias reglas de mujercita. Pero no vas a impresionarme; no lo conseguirás con esas vulgaridades.

—¿Tienes ganas de tener la regla?

Cómo te gustaría oír mi respuesta, pero no diré nada. Estás tan seguro de que hubiera deseado ser un chico, sin todas esas puñetas de senos, cursilerías y reglas. Toda esa porquería, esa sangre, la misma sangre que se deslizaba por las piernas de aquella chica que se balanceaba y se acariciaba los senos. Sí, tienes razón, yo hubiera querido ser un chico, sin pecho ni ovarios... aunque tampoco querría tener pene, no fuese que me diera un golpe y..., ¡qué daño! Hay muchas mujeres que nunca han tenido la regla, por lo menos no traen hijos a este asqueroso mundo para encerrarlos en asilos. Sólo que no se lo diré nunca.

—¿Y bien?

Soy un caso típico de anorexia, con todos sus síntomas y circunstancias familiares: inteligente, no menstrua, padre ausente, madre protectora, etc., pero también hay chicos anoréxicos, la enfermera me lo dijo: «En el otro pabellón hay un chico que lleva allí cuatro años por ser tan testarudo como tú...»

Entonces, ¿qué pasa con su teoría del rechazo de la femineidad, eh? Tiene usted mal aspecto.

—Tu padre vendrá dentro de unos días.

Vaya, lo creía perdido en las nieves del Canadá.

—Ya ha regresado de su viaje y le hemos pedido que venga.

Decididamente no me perdonan nada, llevan la tortura hasta el paroxismo. Hay que reírse. Qué ridículos son estos «adultos». Cómo los odio. Lo único que me satisface es tu mirada exasperada. «Mierda de muda, qué pérdida de tiempo; ahora podría estar ligando con el interno del otro pabellón...» Anda, vete, no te preocupes por mí.

Aunque trataba de aferrarme a mi sueño, sus estupideces resultaban demasiado agresivas... No había suficiente con la madre, también han hecho venir al padre. Él también representará su comedia, más inteligente y sutil. Pero no me dejaré convencer, no soy tan estúpida como ellos.

Seguramente vendrá con esa chica fea pero joven que me arrastraba por las calles de Bruselas con la mirada puesta en los hombres. ¡Oh, no se atreverán a que vengan mis padres juntos! ¿Qué importa? No son más que dos personas entre la multitud que debo soportar. Querrían que los considerase como seres únicos, excepcionales, pero no son más que personas vulgares.

¡Cuánto me gustaría poder ir al patio y ver las hojas de los árboles; soñar delante del castaño, pero no tengo derecho a pasear; sólo puedo aspirar el aire fétido de su hospital, comer y callar. Tengo la impresión de que mis pulmones se han encogido, que mi corazón está oprimido... La suicida se había restablecido y se mostraba demasiado exultante; se comportaba como si estuviera en una residencia para señoritas; su cama estaba llena de revistas, envolturas de caramelos y pinturas.

Encontré a Brigitte echada en la cama.

—Todos se portan mal conmigo; la argelina no para de molestarme. Tú eres mi única amiga.

Pobres niños locos, dueños de un territorio que defienden con uñas; cama blanca, mesilla, dibujos pegados en la pared... La chica de las uñas pintadas se ha montado una especie de tocador muy coqueto con un espejo y flores de papel donde se contempla amorosamente. Todas se afanan en exhibir sus tesoros, hablan solas, anuncian las próximas visitas, los siguientes permisos. «Si eres razonable podrás ir a casa los sábados y domingos.» «El doctor ha suprimido tu permiso porque has llorado durante todo el día, no queremos que tu mamá te vea en semejante estado.»

No sé cuáles son mis sentimientos, quizá rabia, desánimo, miedo.

He aprovechado la ausencia de las enfermeras para llevar a escondidas lápices y papel para Dominique. Ella no llora, tiene esperanzas

—No es tan difícil comer, pronto voy a salir y volver a ver a mis padres. Se sentirán tan felices.

No entiendo nada en ella, no hay rabia ni sublevación y ni siquiera le han dado medicamentos... ¿Cómo puede ser? Su método ha sido eficaz, pero sólo durante un tiempo, se lo leo en su rostro, después volverá a ser dueña de su cuerpo, y entonces...

—Recuerdo cómo lloraba mi madre. Yo le daba la comida al perro, la escondía en las servilletas, la tiraba mientras servían a los clientes...

»Hasta que un día ya no pude levantarme, todo giraba sin cesar; tenía hormigas por todo el cuerpo y era incapaz de moverme.

Pero ¿por qué?, me pregunto, ¿por qué? No hay que tratar de comprender; sólo hay que desear salir de aquí y no pensar en nada más... He llegado a ver a tantas criaturas enfermas y yo estoy aquí por capricho, porque no quiero comer. Debo intentar ayudarme y salir de este trance... No podré, es demasiado duro. ¡Calla!

—Ten, lápices y papel para que te entretengas un rato. Dentro de unos días creo que podré traerte algo bueno para comer.

—Pero ¿y tú?

—No te preocupes; habrá de sobra para las dos. ¿Has hablado con los médicos?

—No dejan de hacerme preguntas acerca de mi infancia. Creen que he llegado a esto porque mi padre me pegó una bofetada cuando era pequeña...

¿Cómo se puede ser tan tonto? No me explico cómo nos contenemos y no les damos una paliza. No, nos encerrarían por histéricas.

—Mi padre me dio la torta porque yo había cogido un queso que necesitaba para unos clientes muy importantes. ¡Estaba tan enfadado! Pero nunca volvió a pegarme. No fue culpa suya; estaba muy nervioso... Estuve llorando hasta que vino a consolarme.

Creen que queremos morir por cosas como ésas, decididamente nos toman por locas.

Pero no entiendo por qué le perdonó la bofetada. ¡Un verdadero padre no pega nunca a sus hijos! Los adultos nos hacen callar a la fuerza, a base de golpes, procedimiento más rápido y eficaz que las palabras. ¿Para qué traerán hijos al mundo? ¿Para enseñárselos a los vecinos? ¿Para mantener la unión de la pareja? ¿Para tener algo de su propiedad? ¿Para asegurarse la vejez? Sé que están pensando que soy un monstruo, pero no, sólo digo la verdad: los miembros de una familia no se quieren, se necesitan, ¿me entienden?

—¿Vendrás a verme a la hora de la siesta?

—Lo intentaré, hasta luego.

Prefiero la soledad a los favores de los asquerosos carceleros; que se queden con sus paseos por los pasillos de la prisión y las visitas a las celdas de los demás prisioneros. No quiero ver a nadie.

Hoy ha venido a verme un profesor de dibujo. Al parecer le gustan los dibujos de locos y ha decidido exponer los míos.

—¿Cree usted que después de todo lo que han hecho conmigo voy a permitir que cuelguen mis dibujos para que después digan: «Anda con la pequeña anoréxica, qué bien dibuja»? ¿Por quién me toma?

—Yo no te obligo, habrían quedado bien al lado de los dibujos de esos chicos perturbados.

—¡Que habrían quedado bien! No quiero mezclar mis dibujos con los de los locos.

¿Será posible que las personas tengan tan pocas dotes

psicológicas? Miro mi árbol con los ojos llenos de lágrimas, tiene demasiadas hojas, demasiadas raíces. No sabía cómo dibujar el castaño porque desde tan lejos no he podido contemplarlo. Un castaño sin frutos es más bonito, menos pesado.

Ha entrado con sus pequeños lentes de miope que ocultan la mitad de sus ojos verdes, deja la bandeja y se sienta. No me encuentro bien, pero ella se ríe y me dice que hace un día precioso. Mi corazón late apresuradamente, pero ya he aprendido a no hacerle caso; además, es necesario que aprenda a contenerse.

—Tengo a mi hija con anginas. —Silencio —ella me observa comer—, ¿qué, está bueno?

Creo que hoy he cumplido trece años; es la festividad de Todos los Santos. Sería un buen día para matarse, ¿no lo creen? Le digo que sus espinacas con mantequilla me resultan insufribles y que preferiría comer otra cosa.

—No, las espinacas tienen hierro; has de comértelas todas.

—Pero, ¿qué importa si como otra cosa?; ni siquiera engordan.

—¡Cómetelas! Si no diré que anulen la visita de tu madre.

¡Oh, qué bien! Me va a resultar insoportable oírle decir: «¡Feliz cumpleaños, querida!» Eh, que ahora no lloro por la prevista visita de mi madre sino por todas esas entonaciones autoritarias que no creen más que en su eficacia.

Cierra el pico y vete a ver a tu hija. Que se trague ella las espinacas. No te necesito para comer. Todavía querrás que te agradezca la enorme ayuda prestada. Estoy harta del arroz, las nueces y las judías verdes, la carne a la plancha y la grasa, el pescado de los viernes, de todo. He llegado a tragar toneladas. Tengo que comer el doble que las otras y los kilos no aumentan.

Después de la naranja y el suplemento de chocolate, entra ella con su regalito y su sonrisa. El único regalo que yo quería era que no me hubieras encerrado en este asilo. No te encolerices y aférrate a tu sueño, coge el regalo, ábrelo, dale las gracias y hasta bésala... ahora escucha la música, ¿te gusta?

—Ten, te he traído algunas cosas.

—Gracias, ahora vuelvo, voy a ver a mi compañera.

¿Siguen pensando que soy un monstruo? Esto es lo que les espera si siguen haciendo niños, no lo olviden.

Sólo la he hecho esperar unos diez minutos; debería decirle que prefería mil veces estar en la habitación de mi amiga. No, no puedo permitir que esta mujer que casi no veo pueda ponerme nerviosa, no vale la pena, ella no entiende nada.

—Tu padre ha regresado.

¿Querrá que le haga preguntas? No, ésas no las admito en mi universo. ¡NO!

—Vendrá a verte mañana. ¿Tienes ganas de verlo?

—Sí.

¡Ah! No voy a darte el gusto de contestarte que no.

He vuelto a perder; leo en su pensamiento:

«Qué buena es esta pequeña. Al fin podrá tener noticias de su padre, porque claro, después de veinte años de vida en común... no se puede olvidar a las personas, aunque te hayan hecho un montón de "cochinadas»"...»

Cómo se defiende, le estoy gritando «te aborrezco», y ella lo toma por una manifestación de amor. Nunca querrá saber la verdad, que la desprecio, que no significa nada para mí.

—Dale recuerdos de mi parte.

No, ella no se atreve a pedirme que me informe acerca de esa...

—Dile que te dé la dirección, la necesito para el juicio, mi abogado...

¡Venga, hombre!, ¿me tomas por una imbécil? ¡Como si tu abogado no la tuviera! Siempre la misma falsedad, las mismas mentiras. Sólo queréis tener hijos para utilizarlos, pero yo no voy a ser tu intermediaria.

—¿Por qué no se la pides tú?

—¡No quiero verlo!

—Entonces, ¿para qué necesitas su dirección?

—Ya te lo he dicho, para el abogado.

Ya ven que todo esto no sirve para nada. No, no teman, voy a seguir siendo amable, contestaré a sus preguntas de madre, representaré mi pequeño papel. Estoy comiendo galletas mientras observo sus botas de cuero. Continúa diciéndome que la habitación es muy «hermosa», no tiene la misma opinión que yo. Si no sigo haciendo el papel de buena hija es capaz de ir a quejarse al psiquiatra para que me convierta en una muchachita razonable y adorable.

«No se inquiete, señora, esto lo arreglaremos con un pequeño chantaje y unos cuantos medicamentos...»

Si no finges aceptarla te destruirá, mira el brillo pérfido de sus ojos, está dispuesta a todo para defender su propiedad. ¡He visto tantas veces esa mirada malvada! Sé que ahora está pensando en el encuentro con mi padre; no temas, no creo en el complejo de Edipo, además no lo encuentro tan guapo y no me atraen los homosexuales, aunque en verdad tú finges ignorar la verdad. Digamos que guardas muy bien las apariencias.

—En la oficina tenemos un montón de trabajo.

Venga, háblame de tus compañeros de la oficina, los «colegas» de sexo masculino, naturalmente.

—Todo el mundo me pregunta por ti.

—¡Ah, claro! Has... (tenido los cojones de decirles que has encerrado a tu hija en un manicomio. ¿Qué mentira les has contado?)

No, no debo dejarme llevar por la rabia, ella es demasiado ridícula, tengo que pensar que no me afecta, me insinúa la misma vergüenza que la muchachota que se levanta la falda cuando pasan los doctores y los internos.

—¿Tienes muchas amigas?

—Bueno, en realidad sólo veo a las chicas del pasillo.

Me sorprende el tono suave de mi voz; no olvido que ella puede destruirlo todo; hay que contentarla.

—Algunas parecen simpáticas, cuando venía para aquí he visto una muy guapa.

No tienes por qué mostrarte encantadora, no olvides que aquí no hay hombres. Acostumbras encontrar bonitas a las mujeres más feas, para que pueda oírte decir: «No soy nada celosa, reconozco la belleza y las cualidades de las otras mujeres...» Pero sé muy bien que sueltas esta frase para engañarme, tú no tienes nada bueno, ningún sentimiento noble, nada. Pero sigo sonriendo y tú estás satisfecha. «Fíjense cómo se ha dejado cuidar para darme una alegría. ¡Hijita mía!»

—¿Es amable el internista que se ocupa de ti, eh? He hablado con él algunas veces.

Seguro que tú necesitas sus cuidados más que yo. Confío en que te haga preguntas embarazosas, aunque sabes mentir tan bien que podrás engañarle como a todos. «¿Quisiera tener a su hija en casa?» Cuidado, no digas la verdad, pasarás por una madre indigna. Ahora no recuerdas tus palabras, ya sabes: «Nosotros no queríamos tener niños porque no teníamos dinero y además nuestro matrimonio no funcionaba bien, fue un accidente. Pero cuando llegaste nos pusimos la mar de contentos, aunque tu padre no quería una niña, decía que eras fea, con la cara tan roja y sin un solo pelo. Menos mal que tu abuela se ocupó de ti...» ¿No es todo eso maldad gratuita? Y seguía: «De pequeña eras insoportable. Un día, tendrías unos tres años, te manchaste la cara y el pelo de pintura. Ninguno de los dos teníamos ganas de lavarte, así que cuando llegó la abuela se puso hecha una furia y dijo que no merecíamos ser padres; te llevó a su casa y no nos atrevimos a recogerte hasta que después de cuatro días se le había pasado el enfado.»

—¿Usted quiso tener a su hija?

—¡Oh, claro! En realidad, siempre deseé tener varios hijos. Los hijos únicos sufren mucho.

Eh, cuidado, por un momento te has preguntado si soy en realidad tu hija; no me parezco en nada a ti.

—¿Se presentó bien el parto?

Si respondes que no para que te compadezcan un poco, parecerá que te has vengado de tu hija por haber sufrido.

—¡Oh, muy bien!, fue todo muy rápido. No tuve ningún problema en los dos partos.

—¿Cómo vivió la pubertad de su hija?, ¿hablaban de las cosas que la preocupaban?

Craso error, señor psiquiatra; la va a obligar a mentir; no podrá reconocer que nunca se ha atrevido a hablarme; yo no necesitaba que me dijera nada; a los ocho años yo ya estaba enterada de «todo», como dicen ustedes con falso pudor.

—¡Oh, nos llevábamos muy bien, no teníamos problemas!

—¿Pero no observaba usted nada raro en su comportamiento?

¿Cómo va a notar ella cualquier cosa? Dígame, ¿está realmente seguro de no haberse equivocado de profesión?

—Nada en especial; aunque sí se mostraba reservada, como encerrada en sí misma...

¡Vaya lo que hay que oír!, pero si yo estaba así por tu culpa.

—¿Le contaba sus problemas?

—No, ojalá lo hubiera hecho, nunca contestaba a mis preguntas.

Ah, claro, encima tenía que haber satisfecho su curiosidad, aunque a ella nunca se le habría ocurrido ayudarme. Normal; las madres no están hechas para eso, sólo sirven para llenarte de rencor por su mezquindad y sus mentiras, y para asegurarse su retiro «después de todos los sacrificios que han hecho».

—¿Se pasaba muchos ratos en casa?

—No, salía demasiado. Siempre que nos enfadábamos regresaba más tarde, pero yo no me atrevía a reprochárselo.

Otra vez con sus mentiras, pero si estaba harta de oír: «me tienes siempre preocupada; me vas a poner enferma; creía que te habían secuestrado...»

Señor psiquiatra, no es a los niños a quienes se debe encerrar sino a los padres, los auténticos culpables. Pero claro, ¿cómo se va a encerrar a un padre, quién va a ser el responsable que firme el permiso de ingreso?

—¿Cómo ha reaccionado cuando la ha visto?

—Parecía contenta.

¡Ah, qué asco me dan! Cómo voy a respetar a esa mujer que enseña sus feas piernas y a ese sabio histérico que debería llevar pañales.

—La tía Lulú quiere venir a verte.

—Lo siento, sólo dejan entrar a familiares directos.

Empiezo a creer que lo hace a propósito; es una sádica que ha intentado herirme en numerosas ocasiones, hasta que, cansada, ha decidido meterme en este asilo para que todo resulte más doloroso, más humillante, perverso.

—Tengo que irme, ¿no te aburrirás demasiado?

—No.

Ahora finge sentirse un poco apenada, hay que causar una buena impresión.

¡Qué día tan triste y melancólico! No tengo ganas ni de subirme a la silla para ver mi cuadradito de cielo.

Tampoco puedo concentrarme en la lectura; he leído tantos libros como veneno me han obligado a tragar. Quisiera saber palabras nuevas para aprender de nuevo a hablar, pero nadie me enseña y equivoco el camino; como siempre, vuelvo a perder; me basta con haber aprendido a conservar mi sueño.

Tragaba toneladas de chocolate, cajones llenos de galletas, sin contar el suplemento de las bandejas, vencida por el desaliento, segura de no poder comer nada más. Tenía la impresión de que esta náusea me torturaba desde hacía meses. Habían pasado tres días y sólo había conseguido engordar cien gramos...

Mi padre aguardaba en el pasillo después de hablar con el psiquiatra. Vamos a comenzar la función; hay que tener cuidado: las escenas de enternecimiento son su especialidad y debo desconfiar, puede ser muy hábil e inteligente con sus trucos.

—Ha venido tu padre, está esperando en el pasillo.

¿Se imagina que voy a correr hacia él? Nada, siguen sin enterarse.

—¿Le digo que entre?

Está contento, cree que tengo ganas de gritar: «Sí, quiero verlo inmediatamente.» Mi silencio le hace pensar que retardo «la concesión del favor» otorgado por un rey.

—Buenos días, querida, ¿cómo estás?

Un señor de ojos muy abiertos que observan bien el fenómeno, un señor de mediana edad que espera el reconocimiento eterno porque hace trece años...

—Menos mal que ya se ha ido el imbécil del médico.

Por fin una frase sensata, pero será la única que pronuncie.

—He venido nada más saber que estabas enferma; estoy muy enfadado con tu madre por no haberme avisado antes.

Es una trampa, está mintiendo, lo sé.

—Tu madre me ha dicho que estás aquí desde hace casi dos meses.

¿Se siente culpable de no haberme cuidado?

—Ven a darme un beso. ¿Por qué has hecho esto? ¿Acaso mamá se ha portado mal contigo?

Te prevengo, aborrezco las caricias de padre; el contacto con la barbilla afeitada y rasposa me resulta insoportable.

¡Cuidado! Él también lo puede arruinar todo...

—Ella no te habrá hecho nada, ¿verdad?

Sólo pretende justificar su rabia contra la mujer que lo ha expulsado del paraíso llamado «familia». Yo ya no estoy enfadada, lo único que pretendo es ver hasta dónde puede llegar su inmunda mezquindad.

—¿No habrá sido a causa de tu hermano?

¡No se irá a poner ahora a jugar a médicos! ¿También te enfadas con mi hermano, eh? Reconócelo, los odias, por lo menos sientes algo por ellos, por mí, en cambio, nada, yo no tengo importancia... Anda, sigue...

—¿Cómo está tu madre? No me ha dejado entrar en casa; he llamado al timbre, y sabía que ella estaba dentro, pero no ha querido abrirme.

¡Yo no tengo nada que ver con vuestros líos! Vamos, continúa, ahora pregúntame por su amante, si todo es por culpa suya.

—Estoy muy enojado; el hecho de que nos hayamos separado no le da ningún derecho a dejarme plantado en la puerta con la maleta. ¿Tú crees que eso es normal? ¡Ah, qué desagradable! Menos mal que tengo a Marie-Annie, ¿a ti te gusta, verdad?

Sigue quejándote, dime que en realidad no eres culpable de tener una amante. Yo podría ser muy mala y preguntarte, ¿por qué pasaba las vacaciones en un poblacho perdido mientras tú y Marie-Annie estabais en Grecia? Pero tienes suerte, habéis sido demasiado mezquinos, nunca podría ser como vosotros.

—¿No te molestará demasiado ese psiquiatra? Confío en que no hables mucho con él.

No te preocupes, soy yo quien tengo que soportarlo. Estás tan preocupado por ti mismo que ni siquiera te has fijado en las rejas, las paredes, los cerrojos y los carceleros de este manicomio. Vienes a verme y todo lo que se te ocurre es contarme tus pequeños problemas... Es igual, no espero nada, no hay que esperar nada de los padres aunque ellos te impongan sus siniestras confidencias, su fealdad, su cobardía.

—Hace una semana, nada más bajar del avión, vine, pero no me dejaron entrar.

¿Cómo puedes mentirme de este modo? Te creía más inteligente. Yo he tenido tiempo de pensar y he madurado, tú, en cambio has perdido mucho desde el último día que nos vimos. Resulta gracioso el apresuramiento de los padres cuando nos ponemos enfermos; ese apresuramiento para venir a hablarnos, ellos, que nunca tienen tiempo para nada, que se deshacen siempre de estos pequeños estorbos. Qué importancia se dan para no sentirse inútiles. Cómo pretenden que sienta algo por una madre que me encierra en un asilo y por un padre que viene a llorar su triste suerte.

—Cuando salí de aquí estaba muy disgustado. ¡Había hecho todos esos kilómetros y ni siquiera podía verte!

Sí, así es la estupidez de mi padre: ¿no se te ha ocurrido la idea de que yo me hubiera podido suicidar? No soportas que te prohíban cumplir con tus deberes de padre hipócrita y ni siquiera has reparado en este lugar. ¿Es que no te has fijado en las puertas cerradas de las celdas, en las chicas deformes del pasillo, en las cucarachas, en el olor? No, estás demasiado preocupado por representar tu papel de buen padre. No me explico cómo consigo mantener mi pobre sueño al escuchar las palabras de este homosexual inhibido, esquizofrénico y mentiroso.

—Esto no parece tan horrible. ¿Te cuidan bien?

¡Fuera! ¡Lárgate! ¡Déjame en paz! No quiero volver a verte. ¡Vete de aquí!

En lugar de gritar, salgo corriendo al lavabo, donde ni siquiera puedo encerrarme, y vomito todo mi asco, toda mi rabia y desesperación.

¿Cómo se puede vivir así? Quiero volver al punto de partida, al día que decidí acabar con todo dejando de comer. No quiero ser esclava de esta exigencia material, no quiero sentir nunca más esa sensación en el vientre, ni la falsa satisfacción que experimento cuando lo mueve el demonio del hambre. Es horrible, me obligan a regresar a este universo de mentiras fundadas sobre su asqueroso veneno... ¡No!, tendré tiempo de pensar en todo ello más tarde, cuando haya podido salir de aquí.

8

La enfermera ha despedido a mi padre con el pretexto de que me encuentro demasiado cansada y excitada. Ya estaban todos al tanto de lo bien que me había sentado su visita. Me acurruco en la cama, con la cabeza hundida entre las manos para evitar que los gritos y sollozos lleguen a mis oídos, pero su fuerza increíble los convierte en un eco interminable.

—Para o llamo al doctor; ya sabes que él no tiene manías, como venga te va a poner una inyección.

—No, ¡déjenme, déjenme!

Chirridos de camas arrastradas sobre el embaldosado, gritos inhumanos, sollozos desesperados, rabia impotente que se opone a su fuerza... ¿Qué le estarán haciendo?

Una enfermera entra en mi habitación con un plato lleno de pastelillos. ¿No sabes lo que es la decencia?

—¡Ah, esa condenada!, qué mordisco me ha dado.

La enfermera me enseña las huellas azuladas y la sangre de su mano. ¡Gracias!

—Te aseguro que si tuvieras su fuerza ya no estarías aquí.

Sólo por decir eso yo también te mordería.

—Han ido a buscar a la jefe de clínica... ¡Va a saber lo que es bueno!

Los gritos y las carreras se multiplican.

—¡Sujétenla bien, átenla! No dejen que se mueva. Yo

quiero gritar pues me parece que también me están atando, que van a matarme.

—No, no quiero, déjenme. Me callaré. ¡Déjenme!

Experimento la terrorífica sensación de que me clavan sus agujas por todo el cuerpo. ¡No, no hagan eso! Rebelión, silencio... Ya estás muerta... ¿Pero soy yo la que está atada a la cama, atiborrada de drogas? ¡NO! ¡Socorro! ¡Asesinos! No existe la piedad.

—Ten, toma un trozo de pastel.

No, no puedo. Todo gira a mi alrededor; los gritos pierden fuerza, mi voz se apaga como la de un animal atrapado que se dispone a morir lentamente, soñando con una posible venganza Ya no sé dónde estoy, sólo hay tinieblas en medio de este sufrimiento mudo, mi corazón late con fuerza. ¿Dónde estoy, quién soy? Nada, nadie, sólo un montón de torturas. La chica profiere un último grito antes de sumergirse en el sueño.

—Vamos, ya ha pasado todo. ¡No llores más! Échate y descansa; te dejo la merienda, volveré dentro de un rato.

Mis sueños no me permiten alcanzar el olvido, la indiferencia... ¿Podré hacerlo algún día? No lo sé. ¿A quién podría preguntárselo? No hay nadie, estoy sola; sola con este sucio techo, las marcas del dolor, las señales de la locura. Abre los ojos y mira esta soledad, esta inutilidad, mírala bien. ¡No la olvides! «Fuera» no puede haber nada más feo...

Me reconforta el agua tibia; en el espejo moteado distingo como a través de una bruma mi demacrado rostro. Dominique está conmigo y trata de consolarme, me gusta sentirla cerca.

—Respira hondo, así, ¿te encuentras mejor?

Para entretener mi pobre espíritu he empezado a escribir una especie de cuento en el que narro la historia de un pueblo... Todos los personajes representan a alguien de este siniestro hospital, pero tengo que tener cuidado pues sé que lo leen a mis espaldas. Han llegado al extremo de llevar mi obra a los doctores, quienes la consideran buena a pesar de estar escrita por una criatura demente; no se han visto retratados porque los he camuflado muy bien. Sólo son capaces de captar los detalles sin importancia. Y mira que está claro; el personaje principal es una bruja, la única persona sensata de todo el pueblo, a quien todo el mundo critica, hasta que al final acaba por envenenarlos a todos.

—Y ¿qué representa el hombre gordo?

Ahora me dirán que es muy extraño que incluya en mi narración a un hombre gordo, como si fueran tan raros. Para ellos es una prueba irrefutable de que odio a las personas obesas, de ahí la causa de mi enfermedad.

—¿Y el encargado del garaje?

¿Y yo qué sé?

—¿Por qué siempre comen copos de avena?

Tampoco se dan cuenta de que detesto los copos. ¡Es para envenenarlos!

Esperad un poco a que haya salido, ¡ya no podréis robar mis papeles! No, aunque entonces será mi madre quien lo haga. Se pasaba la vida registrando mis cosas, así fue como descubrió la infidelidad de mi padre...

«Estaba limpiando tu habitación y encontré este cuaderno, lo abrí porque vi que había una araña dentro, te prometo que no he leído nada...»

Otro día me obligó a abrir mi cofre de tesoros: «Hemos buscado por todas partes esas cajas de cartón, ya sólo nos queda mirar ahí dentro, abre, si no te cogeré las llaves y lo haré yo misma.»

La aborrezco.

Sus mentiras me martillean los tímpanos una y otra vez. Mamá: «Tu padre te encontraba fea»; Papá: «Tu madre hubiera querido que fueras un chico». Y «yo no quería ir a esas "fiestas para parejas", era tu padre quien...», «Ella quería asegurarse de que estaba mejor que las otras», «No me daba nunca dinero», «Me cogía los cheques». Él le proponía títulos de películas pornográficas con jóvenes despampanantes y coitos de ensueño y ella las escogía «¿Hay que poner primero *Gatas calientes* o *Dobles penetracio-*

nes?», aunque yo le había oído decir: «Yo no quería; cuando vi eso me marché dando un portazo, no soy una obsesa». «Coge el maletín de cuero negro; sobre todo dile a los niños que no toquen nada...» «La muy hipócrita se casó de blanco y la noche de bodas... me di cuenta de que no era virgen».

Pero ¿por qué recuerdo todas estas estupideces, sus mentiras tan burdas?

No sé la razón, ni nadie, pero en algún rincón del inconsciente algo les impulsa a actuar así; me gustaría saber cuál es el motivo.

No comprendo por qué os empeñáis en «traer hijos al mundo». ¿Acaso os paráis a pensar que vuestro hijo puede nacer minusválido o tarado? Y si eso no sucede, ya os encargaréis de traumatizarlo con vuestra pésima educación para que sea un desgraciado. ¿Cómo pretendéis que sea feliz en este odioso mundo? ¿Quién ha logrado serlo alguna vez?

Adelante, engendradlos si queréis, pero al menos tener la decencia de acabar con ellos una vez hayan nacido. Así habréis realizado vuestro sueño ridículo y deshonesto.

He ido a hablar con la suicida frustrada y de nuevo la he encontrado demasiado alegre.

—Estaba harta de mi padre porque no quería que saliese con mi novio. Sentía tanta rabia que ni siquiera lo pensé un momento. Cogí el tubo... Quería vengarme de él, que se muriera de pena con el cadáver de su hija entre los brazos. Todas las noches la misma serenata; mi padre me hacía preguntas continuas y viciosas, y yo no le contestaba pero me iba llorando a la cama. Al día siguiente estaba siempre nerviosa y gritaba como una loca. Todo el mundo se apartó de mí porque no me podía soportar, incluso mi novio. ¡Es curioso ese psiquiatra! Me pregunta qué hacía con mi novio. ¡A lo mejor también es un vicioso! Me he enfadado mucho, he gritado y todo lo que se le ha ocurrido decir ha sido, mirándome con calma: «¿Sí?» ¡Lo habría matado!

Lo sé; ellos esperan exactamente ese estallido; su falsa superioridad reside en ese «¿Sí?»

Él se va satisfecho consigo mismo con toda tu rebelión detalladamente descrita en su expediente...

—¿Cómo te sientes?

Pero en fin: es evidente.

Mierda, no he conseguido ver mi sucia jeta cubierta de lágrimas en ninguno de los espejos.

Otra provocación, eso les gusta, ¿verdad? Me pregunto qué pasaría si todos los enfermos rechazáramos su ayuda. Pero no, los locos incurables no la rechazan, ellos... El psiquiatra es su único apoyo, la única persona que no los traiciona, la única que no los trata como a sucias cucarachas, que accede a hablarles... ¡Oh!, hay algunos casos benignos de anoréxicos, niños mimados que se cierran en su mutismo, que se resisten, pero en general, todo el mundo habla... Por otra parte, si los niños callan, los padres...

Basta con tranquilizar su conciencia, asegurarles su competencia...

—No debe sentirse culpable, no podía hacer otra cosa, tenía que ingresar rápidamente.

—Ya, pero tengo la impresión de haberme librado de ella. La gente me hace preguntas, y cuando salgo a la calle y pienso que mi hija está en el hospital yo...

Siempre es la opinión de los demás lo que te preocupa, ¿verdad?

«Ya has oído lo que ha dicho la carnicera: "Mis hijos no están delgados; en casa tenemos para comer." Pero yo no puedo hacer nada; estaría dispuesta a comprar todo lo que me pidieras...»

—¿Le dio usted el pecho?

—No, tenía tuberculosis.

Otra vez está saliendo mal del paso. Nada de dar el pecho, nada de amor: ésa es la teoría. Sin embargo, te has mentido tanto a ti misma que ya no sabes cuál es la verdad. Yo te la diré; aquello no era tuberculosis, sólo una pequeña depresión por un fracaso amoroso; intentaste suicidarte con el gas, aunque tomaste precauciones para que no fuera mortal, ni siquiera demasiado grave... «Cuando vea que he querido matarme, volverá...» Tus encantos, al parecer, no eran tan irresistibles. «¡Oh!, no es eso, pero mi madre me decía siempre que yo era un callo y nunca estaba segura de mí.» Claro, a ti también te han traumatizado, ¿verdad? «No fue culpa mía, para mí fue todo muy duro...» Por eso se tiene derecho a fastidiar a los demás...

—¿Le habría gustado darle el pecho?

Cuidado, si dices la verdad, que no te gustaban aquellos bebés tan rojos y feos, te considerará una mala madre.

—Claro, pero es que...

Venga, tú no querías ser una vulgar nodriza, sentirte como una vaca, ¿verdad? «Yo estaba enferma, ¿es qué nadie me comprende?»

—Dígame, ¿cómo veía a su hija?

—Para mí era la más inteligente, la más bonita, la menos influenciable. Todo el mundo la quería, la encontraba encantadora, todos hubieran deseado tener una hija como ella; incluso la tía Lulú estaba furiosa porque sólo había podido tener niños. Ya sabe, usted acaba de decirme que esas cosas sólo les suceden a las chicas inteligentes...

Ésta es otra de sus falsas y estúpidas teorías. Si yo hubiera sido más inteligente, habría obtenido información acerca de la dosis efectiva de somníferos. Pero no era consciente de mi deseo de acabar con mi vida, sí, lo intuía, pero nunca me hubiera atrevido a admitirlo... el día en que decidí...

Pero es igual, si yo hubiera sido tan lista como ellos dicen no me habría dejado atrapar.

Y, en cuanto a las otras chicas..., Christine, por ejemplo, a quien las calificaciones escolares otorgan un grado de inteligencia alta, no reacciona más, se dedica a coser y no quiere que su peso ascienda bajo ningún pretexto.

—¿Te das cuenta? Quieren que me vuelva obesa; yo prefiero quedarme tal como estoy.

—Pero, ¿tú te has visto? ¡Coge un espejo!

—No merece la pena; aquí no hay...

—Mírate las piernas, los huesos de tus caderas, estás hecha un desastre.

No, Christine es una chica sensible, pero yo no diría que inteligente.

La inteligencia debería tener un componente importante de orgullo, y nosotras no lo tenemos. ¿Es un signo de inteligencia forjarse un sueño como el mío o aferrarse a la boya del amor paterno?, ¿no prever las consecuencias funestas de esta prisión, de este chantaje? No, si hubiera sido inteligente me habría fugado a una isla desierta en medio del mar... En realidad me he dejado atrapar como una idiota, dispuesta a atracarse de chocolate, puré y galletas secas para engordar.

Recuerdas, no podías tener amigas; tu madre repetía siempre a tus espaldas: «¡Menos mal que ya no va con esa amiga! Qué poco me gustaba esa niña tan barriobajera; mi hija tiene demasiada clase y es demasiado inteligente para ir con esa gentuza.»

Quisiera poder negar que esta mujer estúpida y malvada ha trazado y llevado a cabo sin dificultades su plan de destrucción, que me ha obligado a ver las cosas de forma equivocada. Es muy humillante reconocer que ha hecho conmigo lo que le ha dado la gana. ¡La detesto tanto!, odio su sonrisa hipócrita y sus pasteles... Cómo pueden seguir diciendo que ella sólo quiere mi bien? Entonces, ¿por qué me ha hecho tanto daño? ¿Me toman por una perfecta imbécil? No me vengan con frases hechas del tipo: «Sólo te tienen a ti en el mundo; sólo quieren tu felicidad. Han hecho todo lo que han podido...» No admito ninguna excusa, todas son falsas.

—Daría diez años de mi vida con tal de que comieras...

Se ve que no ha leído a Camus; no sabe nada del patricio que ante el sufrimiento de Calígula, llegó a decir: «Júpiter, toma mi vida a cambio de la suya.» A lo que Calígula respondió: «¡Ah!, esto es demasiado, no merezco tantas muestras de amor. Guardias, matadle. Me siento mejor ahora que sé que ofreces tu vida por mí. Me has curado, ¿no te sientes feliz?» El pobre patricio contestó: «Pero yo no quiero, ¡era sólo una broma!»

Lo malo es que yo no puedo gritar: «¡Quítenle diez años y tráiganme un grano de arroz!»

—¿Usted encontraba a su hija deprimida, triste?

¿Cómo quieren que se pudiera dar cuenta? Hubiera tenido que pasarme el día llorando, gimiendo, gritando para que ella reparara en mí.

—No, no lloraba nunca, aunque se encerraba en su habitación para leer y no quería salir. Escribía poemas que escondía bajo la ropa... Un día los encontré mientras ordenaba su habitación.

Sí, hacías limpieza general, ¿verdad?

—Bueno, no los leí; respeto sus secretos. Aunque me pareció que hablaban de la primavera y de la noche, lo negro, la noche, el sol que se pone, no sé.

—¿Seguro que no los leyó?

—Bueno, los hojeé. No sabía que eran tan importantes para ella. Además, ella no tiene por qué ocultarme nada, los niños creen siempre...

Él no dice nada. ¡Al parecer lo encuentra normal!

—Usted se siente responsable por haberla metido aquí y no parecía importarle que saliera tanto, no le preguntaba nunca a dónde iba ni con quién estaba.

¡Admiren su sucio trabajo! Tentativa de completa destrucción, de culpabilidad.

—Mire, cuando volvía de trabajar ella ya no estaba; siempre me dejaba la misma nota: «He salido.» Yo le había dicho mil veces que tenía que ayudarme, recoger un poco la casa, ir a comprar. Pero todo era inútil, no me escuchaba. Ya sabe, los jovencitos son muy egoístas...

¡Toma!, ahora la egoísta soy yo. Se ve que no la compadezco lo suficiente. Querrá que juegue con ella a las casitas, que la tome en mis brazos y la consuele... Está mintiendo, se lo ha inventado todo para tranquilizar su conciencia.

Voy a dejar de pensar y de torturarme con estos pensamientos.

¡No puedo más!

Patricia entra con un ojo a la funerala.

—Mira, ¿ves lo que me ha hecho por culpa de su crisis nerviosa?

—Vaya, Pat, no has tenido suerte, te ha tocado recibir.

No quiero ver ni oír nada. Yo no estoy aquí. Jamás he estado en este nido de cucarachas e inmundicia. Así, sentada, inmóvil, lívida, con las orejas y los ojos tapados. Busca tu sueño.

Ha pasado una eternidad... y sólo estamos a veinte de noviembre. Un día tras otro: platos de puré, galletas, chocolate... Dibujos, frases y libros que no colman el espíritu de quien sólo está obligado a llenar el cuerpo... ¿Cómo voy a conseguir recobrar las ganas de vivir?

Llegó la cuarta anoréxica, pero no la podíamos ver nunca. La enfermera la conducía al lavabo sólo cuando el pasillo estaba despejado. Resultaba desesperante pasar delante de aquella puerta cerrada, silenciosa y pensar que alguien estaba allí llorando sin parar.

Me enteré que había otra suicida, había tragado sosa y tenía la garganta y la laringe quemadas; su estado era muy grave. ¡Menos mal que yo nunca pensé en hacer algo parecido!

Lo que me sorprendía de todas las chicas era que no encontrasen anormal estar ingresadas en un pabellón psiquiátrico por una depresión o una tentativa de suicidio. Éstos eran los dos únicos casos de enfermedades que me interesaban, pues se parecían al mío. De todos modos, debo confesar que me resultaba imposible acercarme a todas las demás; nunca se quejaban de que les hubieran robado su libertad; parecían serenas e intocables. No les importaban aquellas paredes, los cerrojos, las amenazas, los chantajes... No hablaban nunca del motivo que les había llevado a hacer «eso», aunque no hacía falta preguntarles; yo sabía que si cogían de repente el tubo de somníferos, la caja de sosa o las hojas de afeitar, era por una razón precisa: una decepción clara y consciente.

La anorexia es un suicidio prolongado y doloroso, quizá una especie de grito de socorro, un tiempo muerto durante el que se acumulan motivos falsos para seguir manteniendo la misma actitud. Cada día uno se persuade más y más. En cambio, una tentativa de suicido es contundente, neta, límpida.

Odiaba aquel abandono, aquella resignación. ¿Por qué no se rebelaban no hacían un esfuerzo por comprender? «No quiero saber por qué he hecho esto.» Pero mentían, sin duda; es imposible no hacerse preguntas, ¿verdad? Y yo, ¿acaso era como ellas? Sólo tenía esa esperanza vana que seguía encadenándome a las mentiras: quería salir de allí. Pretendían disimular que no querían complacer a ese psiquiatra, pero les delataba el extraño brillo de sus ojos: ¿qué era curiosidad, placer, alivio? Lo que sentía después de hablar con él, ¿cómo saberlo? Seguro que mentían cuando afirmaban: «Ese tipo está chalado. Hace preguntas insensatas. Lo envío a hacer puñetas cada vez que hablo con él. ¿Qué te ha preguntado a ti?»

Me encontré con una chica morena que se arrastraba llorando por el pasillo.

—Vas a dejar de comportarte como una cría, ¿verdad? Como no calles, no daré permiso a tu madre para que pase a verte mañana, no puede verte en este estado. ¿Qué son estos caprichos? ¿No te da vergüenza a tus años? Venga, ¡cálmate!

A la pobre la habían acribillado con inyecciones, no paraba de llorar, dentro de poco no le quedaría ni una lágrima.

—O te callas o ya sabes, inyección.

—Treinta y seis kilos. Pronto llegarás; cuatro más.

—Dominique pesa treinta y cuatro, va engordando.

—¡Fíjate!, Christine sólo pesa treinta y cinco...

Baja de la báscula con sus pasos felinos, se escapa de la mirada del juez y se refugia en su bata, mientras alisa sus cabellos rojizos y feos.

—Isabelle pesa treinta y siete.

Treinta y siete para un metro sesenta y ocho; debe alcanzar los cincuenta kilos. Están locos, más que locos. Dan ganas de meterles el puré a la fuerza, pero como también son masoquistas, les produciría placer. Estoy harta; quisiera poder olvidar, no volver a ver todos estos rostros, no acordarme de esa náusea inaguantable...

Nos acosan terribles pesadillas que logran despertarnos a pesar del Valium: me ahogo en un charco de arroz apelmazado y de pan seco, mantequilla rancia y huevos podridos. No puedo más; lloro. Tengo los labios ardiendo. Me entretengo en arrancar las pieles resecas; quiero sentir el estremecimiento que me recorre por todo el cuerpo. No puedo más, voy a morir pronto.

No sé cómo se llama esto, es una sensación extraña, como el roce de algo inmaterial que se aleja riendo, mientras tú te quedas con tu tristeza en silencio. La música, la voz cálida y dulce desaparecen con su sonrisa en los labios: «No, no soy para ti; no, no me cogerás. Me encuentras hermosa, pero, ¿por qué no aceptas que la belleza no pueda ser para ti...?» No, quédate aquí... La voz surgida del aparato se ha desvanecido, la emisión ha terminado. Ahora está afuera, quizá a muchos kilómetros de distancia...

Y todo permanece silencioso, mudo. Cómo encontrar las palabras que expresen esta soledad tan intensa, este sentimiento de abandono y de insignificancia. Sola, sola, en esta pocilga, oyendo el llanto de esa chica, los gritos de la otra, la voz autoritaria de la enfermera...

Trate de imaginar. ¿Ah, no quiere?, entonces ¿por qué sigue leyendo? Deseo intentar salir de esta pesadilla que me despierta angustiada todas las mañanas, temiendo no encontrar mi máquina de escribir, sino sólo el muro del hospital... Imagine o deje de leer; ya sé que la lectura de mi experiencia no puede resultar agradable, desearía que dejase un gusto amargo de rebelión, de horror por tanta tortura inhumana... Pero sólo puede ser sincera, quizá rencorosa y horriblemente torpe.

Christine no salía de su calabozo; no, no la habían encerrado con llave, lo que resultaba aún más horrible, más humillante. Dominique y yo escuchábamos sus gritos de cólera, tratábamos de ayudarla. La admiraba porque se había rebelado de una forma distinta a la mía, de una manera franca e impulsiva, gritando sin miedo ni cobardía. Seguía comiendo, pero sus crisis nerviosas no la dejaban engordar. Las enfermeras no sabían qué hacer con ella. Evidentemente, nuestras visitas a su habitación no eran ignoradas, pero eso formaba parte de su plan. Son horribles, pero no se equivocan nunca. Cuando estás desesperada las únicas personas que pueden ayudarte son las que han pasado por lo mismo; comprenden tu estado de ánimo, tu rebelión, que no tratan de aplacar sino de excitar para que después puedas olvidar. Los doctores registraban la influencia de nuestras visitas «secretas»: poco a poco el peso aumentaba.

Hablábamos muy pocas veces de nuestros padres, quizá porque deseábamos olvidarlos. Mientras que yo no podía pensar en ellos sin proferir amenazas, Dominique no cesaba de alabarlos. Su reacción me obligaba a profundizar aún más en las actitudes tan diferentes que teníamos en relación a nuestros padres. Recordaba la cara de alegría que puso Dominique al enterarse de que habían autorizado mi primera visita; ¿qué quería decir?, ¿asociaba mi visita con las suyas?, ¿tanto deseaba ver a sus padres? Sí, era demasiado evidente. Habían conseguido inculcarle un sentimiento de vergüenza y de culpabilidad: era consciente de que había ido demasiado lejos, se había atrevido a desobedecer las reglas. «Sé que mis padres están muy preocupados; a ellos les gustaría verme pero yo trato de engordar gradualmente, sin darme demasiada prisa...» Dominique mentía, en realidad tragaba cuanto podía, llegaba a comerse casi todo lo que mi madre cargaba en su bolso. Nada tenía que ser brusco, aquellos sádicos deseaban un aumento lento y regular. Pero para nosotras un paquete de galletas significaba un día menos en aquellas horribles habitaciones. ¡Imagínense, un día! Las enfermeras tenían órdenes de dosificar efizcamente, lo que no impedía que nos hiciesen tragar cosas repugnantes que ni siquiera engordaban, aunque sí nos permitían ganar tiempo... Todo estaba calculado; conocían muy bien nuestro estado de ánimo y el contenido de nuestras mesillas, pero nada podían hacer contra nuestra voluntad de salir de allí lo más rápidamente posible.

Recuerdo un día que nos habían traído unas judías verdes repugnantes. Dominique lloraba porque cuanto más se negaba a comer más la forzaban. Yo me quedé atónita cuando desde mi cuarto le oí decir a la enfermera:

—No te preocupes, que se vayan a la mierda. No vas a comer una cosa que te haga vomitar. Ven, vamos a echarlo al cubo de la basura., Te daré algo de comer para que te repongas.

Sí, sadismo es llevar a alguien hasta el extremo de la humillación y la náusea...

—Qué, ¿has visto a tu padre?

Ya estamos jugando al ratón y al gato, la cuestión es no plantear las cosas directamente.

—¿Lo has pasado bien?

—Sí.

Te gustaría que te contara detalles, ¿verdad?, pues no los esperes. Tú lo quieres todo y no das nada a cambio.

—Sabes, he estado pensando, creo que la culpa de todo lo que te ha ocurrido la tiene tu padre.

Son peores que el asqueroso puré. La madre acusa al padre, el padre a la madre y ambos al hermano...

—¿Comprende, señor psiquiatra? Se llevaba a su hija con su amante de vacaciones. ¡Se lo imagina! Le pregunté si los tres dormían en la misma cama, pero ella no quiso contestar. Con ese obseso sexual nunca se sabe. Pero yo telefoneé al hotel y me dijeron que habían cogido una sola habitación.

Esto es el colmo, fuiste tú quien dijo: «Llévala allí para que cambie de aires, así me la quitaré de encima una temporadita.» Además, siempre has sabido que estabas casada con un obseso sexual.

Y ahora le toca el turno al padre:

Yo estaba trabajando en el extranjero, no podía saber lo que hacía con mi hija, pero puedo asegurarle que tenía amigos muy extraños; sobre todo una pareja, el marido tenía obsesión por las jovencitas. Quizá ella la llevó alguna vez a su casa.

Te olvidas de precisar que tú estabas liado con la mujer mientras ella se entendía con el marido... ¡Y aún se atreven a decir que son unos padres! Pero, esperen y vean hasta dónde llega la corrupción de estos miserables.

—¿Sabe? Su hermano frecuentaba a los... bueno, a los homosexuales.

¡Sucio hipócrita!

—Y claro, se entendían bastante bien, él pudo influir de una forma nefasta sobre ella.

¡Basta ya de tanta mala fe, de tanta porquería! Sólo sabes hablar de sexo, ¿es que no puedes pensar en otra cosa? ¿No sabes que entre las personas puede existir respeto, cariño, amistad...? ¡No, claro, tú nunca has oído hablar de eso. Sólo sabes proyectar sobre los demás tus propias obsesiones.

—Nunca me hablaba de chicas, ¿no le parece algo extraño en un muchacho de quince años?

»Yo hubiera querido hablar con él de hombre a hombre, pero me resultaba imposible, se mostraba distante, callado. Un día forzó a su hermana a beber, se puso malísima, imagínese, sólo tenía once años y se bebió casi un cuarto de litro de whisky...

A propósito, fui yo quien cogió la botella con mi amiguita para ver qué pasaba. Mi padre se comportaba de una forma muy pintoresca con sólo beber un poco de vino; no es que fuera un alcohólico, pero cuando no se soporta la bebida hay que abstenerse.

—Por supuesto, ella no quiso echarle la culpa a su hermano; los niños nunca se delatan entre ellos.

¿Qué se puede responder a eso? Yo era el angelito de la familia; mi hermano siempre recibía en mi lugar. Los padres desequilibrados detestan a sus hijos y, sobre todo, si son tan raros como ellos.

—Venga, trae el libro.

—He sido yo quien lo he cogido.

—Calla y no lo defiendas; sé muy bien quién ha sido.

—¡Pero si es verdad, ha sido ella!

—No intentes defenderte. Tenía que haberte llevado a los jesuitas, allí te habrían enseñado a decir la verdad, pero tu madre, que es una imbécil, se opuso; a ti te ha faltado mucho palo.

Qué sádico, es que no le falta ni un solo vicio.

Los padres no deberían existir. ¿No lo creen?

La madre insistía:

—Él tenía amigos muy extraños...

Sus palabras expanden un olor nauseabundo, empalagoso, agrio, como la mantequilla rancia. No puedo continuar, se me pega a la garganta.

Mientras mis recuerdos desfilaban en mi mente, ella seguía allí sentada hablando sin parar. Yo no la escuchaba, pero seguro que contaba cosas de su ridículo empleo, del tiempo, de su matrimonio, de su mamá, de la subida del precio del café.

—Un saludo de tía Lulú.

Lo que me faltaba: hablarme de esa gruesa dama rubia y vulgar, que ni siquiera es mi verdadera tía... Ella siempre me llevaba a su casa para enseñarle cuánto había crecido su hijita, así como lo bonita y lista que era. Lista porque sólo contestaba a lo que le preguntaban, mientras que todos ellos recitaban hasta la saciedad sus recuerdos de juventud en aquel comedor de cortinas floreadas y paredes tapizadas.

Si yo a veces fingía encontrarla simpática es porque me hacía regalos; era lo menos que podía hacer por resistir estoicamente aquel suplicio.

—¿Te has acordado de pedirle a tu padre la dirección?; te dije que la necesitaba.

¿Es que esta mujer no tiene el menor sentido del honor? ¿No recuerda mi respuesta? Ya no soporto más sus mezquindades. Estoy cansada. Menos mal que la enfermera pronto vendrá a decirte que te marches.

Anda vete con tu conciencia tranquila y tus pérfidas mentiras. Yo me quedaré aquí; ya no tienes que preocuparte más por tus escrúpulos, ve y busca a tu amante, ahora tienes una habitación libre.

Como las noches de invierno nos parecían tan tristes, nos reuníamos en la habitación de Dominique, donde por lo menos podíamos ver el patio. A las enfermeras no les hacía ninguna gracia nuestro aislamiento, ni que nos pasáramos horas y horas contemplando los castaños; no entendían nada, lo único que sabían hacer era cerrar con llave.

Escuchábamos la radio hasta hartarnos; a Claude François con *La Petite Fille du téléphone*, la más horrible canción que habré tenido el placer de escuchar más veces en toda mi vida. Cuando estoy sola en mi habitación casi nunca la pongo; tengo demasiado miedo de captar esa voz cálida y dulce, de imaginarla detrás de las paredes grises de este siniestro hospital. Ya tengo bastante con estar enamorada de lo inaprensible como el sol y la noche, la soledad y la muerte. El amor puro no existe; no debería ser egoísta y, sin embargo, sólo gira alrededor de tus deseos. No se enamoren jamás: es lo peor que puede sucederles. Según ellos el amor es la cosa más maravillosa, el objetivo de nuestra vida, pero como dicen tantas cosas estúpidas... No creo en su optimismo ni en su alegría de vivir. En realidad, no creo en nada.

Noche de horror y pesadillas, presidida por la lamparita de la celda de mis torturas morales. Nada de dramas, «esto no parece tan terrible», como él dice. Un techo de colores que gire en torno de una angustia, la intuición, el comienzo de la auténtica reflexión acerca de un sueño. Saltaré muy pronto, desde la torre más alta... y será un alivio inmenso estrellarse finalmente con violencia sobre una acera pavimentada de verdad.

Ruido de llaves, cerrojos que rechinan como quejidos ahogados. Las paredes, siempre las paredes, se acercan como una camisa de fuerza, cubren todo tu cuerpo, te ahogan y se apartan de nuevo para reemprender su vuelo. Quizá es el vuelo de un ave que no se va a ninguna parte o la singladura de una nave que se dirige a una isla; quizá la huella que te deja la bofetada de un padre o la injusticia de un tribunal de lo imaginario, a menos que todo esto no sea más que fiebre.

Cerca del mostrador de las enfermeras, una mujer bastante vieja y muy bien vestida, con un sombrero de fieltro y un bolso, aguardaba con aspecto tranquilo. Era la madre de Caroline. La enfermera había entrado en su habitación y procuraba entretenerla contándole la película de la noche.

—Déjeme salir, sé que ella está en el pasillo, usted viene a hablarme para que no pueda verla, déjeme...

Sollozos, la madre ha reconocido la voz... lágrimas de rabia.

—¿Conoces a mi hija? ¿Cómo está?

La habría matado... ¿Es que no había oído aquellos gritos... no se había fijado en el pasillo, en el cerrojo de las puertas, en la enfermera, en aquella chica obesa? La respuesta estaba en todo aquello y su hija seguía gritando. Fingir inocencia es tan fácil...

—Todo lo mal que se puede estar aquí. Yo también me volvía sádica, aunque sabía que el sadismo termina volviéndose contra ti.

—Qué pasa ¿está muy deprimida?

Sí, señora, pero no se preocupe; vaya, el psiquiatra tranquilizará su conciencia de madre. Caroline no deja de llorar, tiene una crisis nerviosa; después de un tiempo interminable se desvanece en la cama.

Acurrucadas y silenciosas, cada una en nuestros respectivos lechos, nos mirábamos llorando.

Los padres de Dominique vinieron a verla ese mismo día. Ya habían estado allí el día anterior, pero le faltaban trescientos gramos y el reglamento es el reglamento.

Una madre obesa y mal vestida, un abrigo demasiado largo, una maletita en la mano, un paquete en la otra. Una mujer provinciana de rostro insignificante, frío. Un padre bigotudo, chaqueta más cepillada que de costumbre y gorra de campesino, con otra maleta de cuero en la mano, zapatos relucientes de domingo.

¿Es «eso» por lo que tanto suspira Dominique?, pero no tengo derecho a decir semejante cosa; quizá son muy bondadosos, generosos, dulces... Ella puede adorarlos y yo no tengo ningún derecho a juzgarlos. Mi madre le habrá parecido una sucia burguesa, y mi padre, un loco del otro pabellón, pero por mí puede pensar lo que quiera: ¡sólo merecen ser enterrados! Por desgracia, saben defenderse demasiado bien, son invulnerables al ser tan egocéntricos.

También ha venido mi padre:

—Buenos días, ¿puedes decirme dónde está el aseo?

Anda y que te muerda una cucaracha muy negra y muy fea; apuesto algo a que ni siquiera las ves.

—Bueno, no están muy limpios..

Muy triste, mi querido padre, yo no soy la mujer de la limpieza, cómo has tenido el valor de decirme con tanto desprecio: «¡Caramba, qué asco, no sé cómo te has podido pasar aquí tres meses!» Si tanto te disgusta no tienes más que venir a rescatarme. Pero claro, es más fácil esperar y decir que no sabías nada:

—De todos modos, tú no estás enferma. Si yo hubiera estado aquí no habría dejado que te encerrasen.

Por supuesto, puedes decir eso con toda tranquilidad; tú no te comprometes... Además, yo te importo muy poco. Si hubieras estado aquí habrías chillado a los demás que tú eras el único capaz de evitar que me traumatizaran, el único capaz de comprenderme. ¿No encuentran esto indignante?

Pero la rabia no sirve para nada en estos casos; hay que dejarles hacer sus canalladas tratando de contener todo lo que quisiera estallar.

—Ha sido tu madre la que te ha metido aquí.

Afinas tu puntería pero no me convencerás. Sabes que la aborrezco y por eso vienes a atacarla. Tú que eres tan «inteligente», ¿no has sospechado que estabas en la misma lista? Eres peor que ella porque no haces nada pero dejas hacer a los demás.

—Ya verás la bronca que le voy a meter...

Decididamente, todos son igual de pesados. Tienen miedo de que no comprenda.., y son ellos los que no comprenden nada.

Por otra parte, yo no les importo nada; vienen a mi habitación y dejan los insultos en el aire para que al día siguiente el otro pueda oírlos. Soy, a la vez, catalizador, intermediario, el huevo podrido...

—Dile a tu madre que es una marrana...

—Dile a tu padre que los hijos le importan un pepino...

—Qué, ya le ha echado el ojo al psiquiatra y por eso te ha metido aquí.

—Se pirraba por la doctora.

No escuches más, déjalos hablar entre ellos; no tienen ningún valor, son feos, viejos...

La puerta se abre, una bola negra... Rostro colérico y ligeramente enfadado que se arruga y se protege delante del hombre acomodado en la silla dispuesto a quejarse y a criticar.

—Puedes salir, vengo a ver a mi hermana.

Las arrugas se inmovilizan.

¡Ah, tú lo sabías! Has venido a propósito para atrapar a tu hijo: «Esa asquerosa criatura no tendrá más remedio que verme... El "angelito" me lo pondrá en bandeja.» No tienes más que tragarte tus venganzas en forma de frases bien preparadas; eres innoble. Rictus de odio y de rabia en ese rostro de hombre amargado y feo.

—Pero, ¿por qué voy a salir?, podemos estar los tres

juntos. Tu risita nerviosa te traiciona, no habías previsto su reacción; para ti, nadie tiene carácter, todos se doblegan a tu lastimosa inteligencia de obseso.

Venga sal, espera fuera, no tengo ningunas ganas de verte. Se levanta enfurecido. ¡Bravo! Lo has herido en su nauseabundo orgullo.

Aborreces a tu hijo porque vale más que tú ¿verdad? Por supuesto, no lo confesarías por nada del mundo... «No me va a dominar un crío de quince años», pero esa salida forzada, apresurada, tan ridícula...

Más tarde me enteré de que mi padre había hablado de mi hermano al psiquiatra para que éste tuviera interés en conocerlo. Así le bastaba con venirme a ver para intentar coincidir con él. ¡Hermoso ejemplo de amor paterno! ¿Por qué lo aborrecía tanto? El hecho de que fuera una persona dominada y rechazada por todos no le daba ningún derecho a vengarse en la «carne de su carne».

—¿Comprende, señor psiquiatra? Habrá que saber si su hermano es un neurótico o una persona frustrada. Él puede muy bien haber sido la causa de todo.

Reflexiona bien...

El médico sólo atiende este servicio los jueves y viernes...

—Tendría usted que conocerlo, así podría decirnos algo.

Es un plan perfecto. Después de ver al psiquiatra tu hijo entrará en la habitación de su hermana, donde estarás tú, esperando...

—¿Sabe? Conmigo tiene reacciones muy extrañas...

Yo, como siempre, no digo nada, no hago nada; soy la doña nadie del hospital, la que no tiene energía ni reacciones. Ellos vienen a arreglar sus asuntos en mi terreno.

Yo no cuento, estoy aplastada sobre la cama blanca, como alguien a quien se arrastra tras sí para llevarlo donde se quiera.

Por una vez, seré yo quien hable. Él me mira de una manera extraña. No dejo de decirle lo de mis kilos, lo de las chicas locas, la cárcel: me tienen dominada; estoy desequilibrada. Ya no sé nada... es la hora de la humillación, la hora de las quejas y de los gemidos... Hasta hoy han sido ellos los que han dejado su cólera aplastada sobre el suelo de mi habitación como un vómito, y yo he sufrido las humillaciones, las quejas, los gemidos... Pero, como siempre, sigo el mal camino.

Son los kilos, las chicas locas, mi desequilibrio. No sé nada más...

Ha regresado el monstruo paterno; está rabioso, sólo me tiene a mí para desahogar su furia.

—¿No encuentras vergonzoso que un hijo trate así a su padre?

Y tú, ¿no consideras infame todo lo que has tratado de hacer a tu hijo?

Interrumpo la conversación; su imbecilidad y mezquindad son demasiado insoportables.

—Dominique, mira los cuadrados del techo, uno, dos, tres, el tercero está entreabierto, podríamos subir al tejado, bajar al patio, saltar la verja y salir corriendo; no nos encontrarían jamás.

—Súbete a la cama. ¡Ah, no, es demasiado alto, habría que saltar hasta adelgazar!

—No importa, mañana ya no podrán pesarnos como ocas, se habrán marchado.

—No, será mejor que hagamos una batalla de almohadas.

—¿Y si nos divertimos haciendo comer a Caroline todos los pasteles que nos sobran?

—Vale, es suficiente con que guardes los necesarios para ganar tus últimos dos kilos, yo guardaré para mis trescientos gramos...

Sadismo.

—¿Quieres un pastel, Caroline?

—Oh, sí...

Aquella bulimia era sorprendente e incomprensible para nosotras... y un poco tranquilizadora.

—Uno más, éste; ya está casi listo... Voy a buscar otro... Es de locura.

Caroline agarra la bolsa con desesperación y empieza a comer ansiosamente.

Mañana ellas no te darán nada de comer cuando se den cuenta, creerán que has robado a sus espaldas; habrás echado a perder el régimen que habían preparado con tanta minuciosidad.

Ahora me toca reír a mí pérfida, maliciosa y estúpidamente...

Echada sobre su cama, mastica rápidamente para que nadie pueda sorprenderla. «Uno más, Caroline, venga que no va a venir nadie. Espera, aún quedan de chocolate... ¿te gustan, verdad?» ¡Oh, cómo puedo ser tan malvada, estúpida, pérfida. «No quieres más, te voy a traer un vaso de agua para ayudarte a pasar todo esto. Dominique está a punto de llenar un jarro grande...»

«Ten, coge también éste mientras esperas... hace mucho tiempo que no has comido, ¿verdad? Al menos es mejor que las rebanadas de pan rancio... Tú te comes todo lo que sea.»

Me doy asco pero continúo riendo y ofreciéndole venenos, gramos, castigos...

«No saldrás con permiso, has robado, has ganado cuatro kilos. ¿Qué habrá podido comer para engordar tanto...?»

—Venga, ya basta, ya no puede comer más.

Corre hacia el lavabo frotándose el rostro nerviosamente mientras intenta tragar el último trozo de chocolate de nuestra reserva...

9

Dentro de tres días ya no las veré más... soy horrible; no puedo querer a nadie. Todas esas chicas me han ayudado, y yo las he utilizado y ahora dejo que se las compongan entre estas sucias paredes... He fingido interesarme en sus vidas cuando en realidad me buscaba a mí misma. Gracias a ellas he perdido mi testarudez y la rabia, he abandonado mi rebelión y mi deseo de venganza, voy a salir.

Aborrezco a la mujer que vendrá a buscarme, pero la dejaré que se introduzca en mi sueño, como una víbora. No soy más que una larva.

Ellos han hecho de mí una piltrafa, yo ni siquiera he tenido el coraje ni la franqueza de reconocerlo. Me doy asco. No he podido vencerlos; han conseguido todo lo que se habían propuesto; yo he obedecido sus órdenes al pie de la letra, como una perrita faldera.

Dentro de poco no volveré a ver este pasillo que, ahora, parece diferente... Sonrío al verlas ordenar sus mesillas; su miseria ya no me alcanza. Ya voy a salir; no perteneceré más a este universo de locos; voy a reunirme con las «personas normales»...

La chica que decía con orgullo: «No me cogerán» ha desaparecido entre la suciedad de estas paredes. He cedido a su chantaje, a sus deseos, a su corrupción, soy alguien hecho a su imagen, una persona «como ellos». Me encuentro fea al mirarme a su espejo. Soy fea, cobarde, mentirosa, un fardo...

Faltan tres días para Navidad; los niños abandonados se quedarán en sus celdas con un postre especial y la soledad de siempre. Yo estaré con una «familia»; esta palabra me corta los labios como una hoja de afeitar. Soy repugnante, tienen razón, estoy con ustedes. Mañana habrá una fiesta y vendrán unos músicos y unos payasos a divertir a los niños. Creo que sería mejor evitar la fiesta, reirán un rato, pero después se sentirán aún más desgraciados. Los que pasarán la Navidad con su familia podrán comprar regalos, música y perfumes. Tras las paredes de este sucio pabellón quedarán unos cuantos niños que pasarán la noche llorando, hasta que los somníferos hagan su efecto.

Dos cuerpos estirados sobre una cama, dos espíritus que no quieren nada salvo complacerse en una última tentativa de rebelión.

—¡No quiero ir a esa fiesta! Ustedes nos han encerrado, forzado, destruido y encima quieren que vayamos a reírnos con los locos. ¡No!

La enfermera de los ojos verdes coge un brazo... Un cuerpo que se estrella contra el suelo, un ruido sordo.... Un odio que no se rebela. Miedo, cobardía, yo ya no temo nada. Mañana ya no estaré aquí... miro sin verla, y estoy aquí, en el pasillo, como una perra, como una larva... una l-a-r-v-a.

Los artistas se maquillan en una sala. Blanco de mimo, estrellas fascinantes, lentejuelas... Lloro; recuerdo el primer día que vi mi rostro en el espejo: yo estaba maquillada como ellos, con mis ojeras y mi palidez. Ahora ya no soy nadie, quisiera unirme a ellos, pero no puedo: me aborrezco demasiado.

Los payasos me han permitido quedarme en su cuarto, como si fuera uno más.

Me han maquillado para disimular mis lágrimas de vergüenza, de desesperación. He desfilado con ellos por el patio bajo las miradas despectivas de los médicos y enfermeras. «Saltimbanquis, payasos, trompetas, saxófonos, miseria...» No podía más y me he refugiado en un banco, llorosa y temblando, como un desecho triste que sólo puede sentir vergüenza de sí misma.

—¿Vendrás a vernos al teatro? ¿Sales mañana, no?

—Hemos pedido a las enfermeras que te trajeran algo para beber, pero no han querido.

Qué deprimente me resulta todo: la chica que baila levantándose la falda, la mirada verde y hermosa que me sigue a través de un velo a fin de ocultar la evidencia del disgusto. Una angustia insoportable... Miedo de esta muchedumbre, de esta alegría, miedo de mí misma, un miedo terrible. Tengo ganas de gritar, de matarme... He recuperado la voz y no puedo mostrarme... soy demasiado horrible...

Ésta sí es la chica más bonita ¿bailas?

¿Es que fuera todos son así? Tenía razón al soñar... Tengo miedo, el ruido y la música me asustan, ya no sé nada, ya no sé...

Isabelle vaga llorando por el corredor, Patricia se divierte con un trozo de pan y yo ya no estaré aquí mañana. ¿Por qué me sentiré culpable? No lo comprendo. ¿Quién soy?, ¿dónde estoy? No sé nada, nunca más podré volver a encontrarme. ¿Es eso importante? Ellos lo han falseado todo desde el principio y yo he escogido el camino espinoso porque lo creía menos hipócrita...

Christine había ganado un kilo en dos meses, seguía sin hablar, absorta en su mundo de locura. Dibujos en las paredes, intentos de maquillarse, ¿para quién?, ¿para qué? Unas veces llora, y otras finge reírse. Cada noche la veo dirigirse hacia los cubos de la basura con los restos de puré y sus trozos de pan ocultos, su andar felino y sus cabellos rojizos y ondulados. No, no tengo piedad, la trato de imbécil porque ella no aceptará jamás su chantaje, lo sé. Yo me he dejado dominar vergonzosamente... Pero yo voy a salir. Mañana, a la misma hora, estaré lejos de estas paredes, de estos cerrojos, de estas llaves que giran, de estos niños locos...

La noche está aquí como un desafío. Podría permanecer en esta habitación toda una vida. ¿Es cierto que voy a salir? No, no es más que una añagaza, dejan salir mi cuerpo, pero yo me quedo aquí, detrás de estas paredes, en este mundo de locura. Sé que aunque esté fuera mis pensamientos quedarán atrapados aquí para siempre.

¿Cómo podré continuar viviendo sabiendo que soy tan cobarde? ¿Cómo podré olvidar a las víctimas de este encarcelamiento inhumano, personas maravillosas que gritan al mundo su rechazo? ¡Qué pequeña me siento ante su noble fuerza y su valentía!

¿Qué es la vida? ¿Una vulgar prostituta que se cobra el placer de diez minutos con la depravación de nuestra alma? Un estremecimiento breve y nos arranca las entrañas dejándonos retorcidos de dolor en ese lastimoso hotel...

Esto podría ser un triste sueño de criatura loca, un fantasma de libertad, una ilusión. No, la maleta está ahí, sobre el suelo, dispuesta a cruzar la puerta del hotel de la calle Saint-Martin, sin mirar a la mujer que deja sobre la cama.

Debo continuar viviendo, es mi única obligación, es mi única ley. Soy una prisionera más en la lista de esa prostituta, ella será quien se ocupe de mi cuerpo, de mi alma, yo no puedo hacer nada, ya no me pertenezco, me lo han quitado todo.

La mujer de las piernas varicosas empuja el carrito de las sábanas sucias.

Quizá nunca sabré por qué permanecen todos estos niños entre estas paredes amarillentas. Me parece que nada tiene importancia, lo he olvidado todo, después de cuatro meses, sólo siento un enorme vacío; he perdido la memoria para doblegarme mejor a sus exigencias; ya no existo y, sin embargo, me dejan salir... Por eso te permiten recuperar tu absurda libertad y salir escupiéndoles a la cara: eres inofensiva.

Ya ha llegado mi madre con su sonrisa forzada. Una terrible angustia, algo que contrae mi corazón y parece no querer soltarme; ¿por dónde ha pasado el aire? No sé; esto me aprieta cada vez con mayor fuerza. Querría dejar de sentir el dolor martilleante en las sienes. Deseo morir, aplastar mi estúpido rostro contra las paredes de esta habitación y derramar mi sangre marchita. Pero ellos lo han previsto todo en el sentido contrario, has sido tú quien lo ha querido, debes soportarlo ahora sin la ayuda de uno de tus cobardes sueños. ¡Afróntalo y deja de esconderte como una niñita asustada!

Hay que ponerse una capa para enfrentarse con el mundo y adoptar las olvidadas fórmulas de cortesía. No, no siento ninguna alegría. Resulta extraño, casi tengo la sensación de perder algo. He deseado tantas veces que llegara este día, lo he soñado tanto, y ahora sólo siento un enorme vacío, nada.

Ésta es la última vez que camino sobre estas baldosas en las que resuenan los gritos de dolor y que me cruzo con esa muchachota que se ríe...Y todo esto no me causa la menor impresión, no puedo pensar, quisiera sentir que me invade una inmensa alegría y no siento más que vacío. Nunca más volveré a ver a esa enfermera con las bandejas...

¡Me he vuelto a equivocar! ¡Me han vencido! ¡Qué lamentable!

—¿Nos escribirás?

Quiero permanecer siempre sola, no depender nunca de nadie; estar sola con mi vergüenza. Podrías tener algo de consideración con estas pobres locas a las que han aplastado como a sucias cucarachas.

Veo los castaños del patio a través de los barrotes de las ventanas. No me explico cómo he podido encontrarlos tan hermosos. Ahora me parecen sombríos, con sus ramas esqueléticas tendidas hacia el cielo gris e invernal, y reinando ridículamente en este lastimoso dominio.

¿Adonde conduce este pasillo?, no consigo ver el final, se pierde entre los llantos de las chicas locas y los gritos de los muchachos dementes.

Un radiador, dos radiadores. ¡No! Salgo, la «libertad» me espera ahí mismo, y me divierto contando los radiadores. Tres radiadores. Los tacones de esta mujer resuenan; está segura de sí misma, ha recuperado su «cosa» y va a poder exhibirla, mostrársela a la portera y a la carnicera. «Miren lo guapa y alegre que está ahora.» Mi mirada se fija en un horizonte desconocido, ya no espero nada, no tengo voluntad. Nada. Ni siquiera pretendo juzgar a esta mujer y abandonarla nada más cruzar el umbral.

Pero la salida está aún muy lejos; puedo tardar años, e incluso, una vida entera. Sigo contando los radiadores. Ya estoy en el tercer mostrador, ¿es posible? Último vestuario antes de salir del pabellón de los niños locos. Pero no, queda todavía una distancia infinita antes de franquear la última puerta... Mira detrás de ti, nunca más volverás a ver esa pared, ni esa habitación, ni esa llave... Voy hacia la libertad después de vivir una horrible pesadilla

Pero todavía tengo miedo de que ella me conduzca hacia otro pabellón. No dice nada, su rostro es duro, anguloso, la aborrezco...

Un auténtico laberinto de caminos, de pasillos, de enfermeros. Se tiene que firmar un papel... Esboza una sonrisita pérfida y posesiva, ya tiene el permiso oficial para llevarse a «su cosa».

Ya estoy en el «mundo», y no me causa ninguna impresión. Pero, ¿por qué no me he bajado del coche gritándole que su imbecilidad y maldad me impiden hablar con ella? ¿Por qué no la he golpeado? No soy más que una larva inmovilizada, aniquilada por el miedo.

La gente de la calle es innoble; sus palabras son falsas,

forzadas como esos bocados introducidos hasta el fondo de la garganta, instrumentos de su chantaje. «Buenos días, señora. ¿Cómo está usted?» ¡La amabilidad ante todo! En el fondo se están riendo, pero la cliente piensa: «Aquí sí que son amables.» ¡Oh, no me sonrían, por favor, no podré resistirlo!

—¿Es su hija? ¡Cómo ha crecido!

Allí al menos cerraban la puerta con llave y no veía a nadie. ¡Nada de mentiras!, te quedabas solo sin la piedad humillante de la que, de todos modos, cerraba la puerta.

Cada vez me sorprendo más, ahora estoy hablando con esta mujer que aborrezco y a la que ni siquiera tengo el valor de arrojarle los pensamientos que me han torturado durante tanto tiempo, pensamientos de los que no me libraré hasta que consiga gritarlos.

—¡Qué hipócritas son! A ellos les importa un pito cómo te encuentras.

—¡Oh! No empieces a criticar a todo el mundo, son muy amables.

No debería haber dicho nada, tenía que haber dejado que soltase sus frases de siempre: «No vuelvas a empezar. ¡Cómete este trozo de queso! ¿Crees que vas a poder pasar con lo que comes? ¡Mira que te vuelvo a llevar al hospital!»

Pero ¿qué me han hecho?, ¿qué habrán matado en mí para que esté tan inerte? Podría decirle que volveré esta noche a dormir, que me esperan unos amigos, que no puedo ir a ver a la abuela esta tarde, que todos me parecen una mierda, que los odio.

Estoy en mi habitación, qué extraña me resulta. Es la habitación de una niña con sus ositos de peluche y sus dibujos, una niña de seis años. Ya no sé qué edad tengo, ¿es que acaso tengo edad? Debo de ser la persona más estúpida de este mundo. No me atrevo a sentarme ni a mirar nada... Todo me da miedo. Si tuviera valor los dejaría plantados y les mentiría diciendo que voy a ver a mi tía... Pero, ¿por qué no puedo reaccionar?, ¿por qué?

Suena el teléfono, me lo pasa despectivamente y se queda escuchando detrás de la puerta.

—Entonces, ¿quedamos esta tarde a las tres?

No pierde de vista los platos, me dirige una mirada de odio y empieza a soltar sus pérfidas frases:

—¡Cómete también esto! Si no, no te dejaré salir. ¿Quieres que te lleve allí otra vez?

Está ridícula, con su maquillaje de mujer que espera al amante.

—¿Cómo puedes hacerme esto el día de tu salida, qué va a pensar la gente? ¿Y tu abuela? ¿Es que no vas a ir a verla? Podíamos haber ido al cine.

¿Como si fuera un perrito, verdad? Mírenla, me hace caricias y no respondo; no conseguirás dominarme. Las madres no deberían existir. Ahora es ella la que habla por teléfono con su dulce voz, la que nunca pone cuando se dirige a mí. En realidad, me aborrece tanto como yo a ella, pero nunca lo reconocerá.

—¿Cómo estás, querido?

Hace falta tener un corazón muy duro para salir con una mujer semejante y fingir amarla. No es que sea fea, incluso podría decirse que es guapa, pero de una belleza agresiva, llena de desafío, violenta. Pero por unos momentos he olvidado que lo único que les importa es el sexo; son unos vulgares viciosos.

—¿Esta noche, a las ocho? De acuerdo.

Ahora ya está más tranquila, esta noche tendrá a su presa.

—Voy a aburrirme aquí sola.

¡Qué valor!

Ahora me doy cuenta que lo de la libertad no era más que un mito. Estoy en otra cárcel donde se me permite la ilusión de creer que no estoy encerrada. Nada de cerrojos ni llaves; sólo, tras la puerta, el abismo.

Desde la ventana contemplo la calle, puedo ver también un trozo de cielo algo más grande, pero sé que ya nunca podré verlo en toda su inmensidad. Podría dejarme caer y aplastarme contra el duro suelo para acabar con todo.

Sólo los locos tienen razón. Ellos permanecen en su universo y se protegen a su manera. ¿Qué importancia tiene? La vida no vale más que para que sus hermosos ojos se detengan en problemas insolubles. Se han quedado allí, detrás de las puertas; yo también estoy detrás de otra puerta, no tan infranqueable, pero de todos modos sigo encerrada.

Quienes deberían estar dentro son todos estos tipos que pasean como si nada, los mismos que mandan encerrar a estos pobres locos, Es injusto; los odio. ¡No! No dejaré que me atrapen, ¡No cederé! No ha sido más que una ilusión, un sueño: Nunca encontraré mi lugar en este mundo, está a años luz de toda esta mierda, no lo alcanzaré jamás, mi sueño está muerto.

Tendré que inventarme otro. Los sueños desfilan en el teatrillo de madera, no tengo más que elegir. Imagino una presencia que está llena de ternura hacia mí, que me habla, me sonríe, él no va a hacerme daño. Sé que no es real, que no se trata más que de un sueño que se desvanecerá enseguida y me dejará llena de tristeza. ¿Por qué no trato de aferrarme a esta presencia, que podría transformarse en mi sueño? Pero, ¿podría hablarle? Él ha visto a esa enorme muchacha, me ha visto llorar al mirarla. Ahora me sonríe. Se me hace un nudo en la garganta, no puedo pronunciar una sola palabra.

¿Te sienta bien la libertad?

Quisiera hablarle, decírselo todo, dedicarle estas páginas...

Terrible silencio. No, ya no se trata del vacío, es algo peor: ella está cerca, me impedirá tenerlo, es celosa y...

No sé quién soy ni siquiera sé si existo. Tampoco sé a dónde voy, pero no tiene importancia. Las aceras son los corredores por los que pasean los transeúntes con sus gestos, con sus miradas de locos. Ellos no tienen necesidad de calmantes; quizá por esto no los han encerrado...Su pabellón está mejor decorado: tiendas, árboles, vehículos.

No tienen noción de nada, se les puede obligar a pagar una fortuna por una muñeca de tómbola, venderles imitaciones, hacerles creer en su libertad. Se extasían delante de un escaparate con el deseo de poseer aquel objeto que les llenará de felicidad; se hartan de placeres mediocres para no enfrentarse a la realidad de sus vidas.

Sus pasos no resuenan sobre el embaldosado, las aceras están pavimentadas para ahogar las pisadas. Tienen la mirada vacía salvo cuando se fija en un objeto que pueda comprarse, en un cuerpo de mujer, en una corbata de seda o en unos gemelos de camisa: entonces están dispuestos a todo, en eso radica su locura. Una locura aprendida, mediocre y falsa. Son ridículos y morbosos. Ahí están, en el escenario iluminado que desfigura sus rostros y cuerpos. Jamás verán la traición que se oculta tras los bastidores.

¿Es éste el universo al que he deseado volver, un universo en venta?

Filas de hormigas locas, obsesionadas, se empeñan en llegar rápido a sus celdas de paredes pintadas; se reconfortan con visión de sus tejidos sedosos y de amores prohibidos. Sus cuerpos negros se apiñan en los rincones del mugriento metro por donde corren las ratas sobre los raíles de la muerte.

Vagones de ganado, asientos de color naranja y túneles tenebrosos: esto es la libertad que tanto has deseado.

No, ¿por qué me he equivocado, por qué me he engañado a mí misma? A eso conduce la cobardía. ¿Qué habrá detrás de esa segunda puerta? Una mujer que vuelve discretamente la cabeza para mirar las nalgas de un señor, los ojos libidinosos de un obseso posados sobre la anatomía dispuesta a apearse en la próxima estación.

¿Dónde estoy? Me he equivocado de puerta, no era ésta por la que debía salir. Algunos se ocultan tras su periódico fingiendo leer, otros se observan entre sí. ¿Qué diferencia hay entre este mundo y el pabellón de los locos?

Ni siquiera me invade la náusea, es algo peor. ¡No, nada de refugiarte en tus sueños! ¡Míralos, no los olvides!

Si continúo mirándolos me tentará la idea de comprar un montón de tubos de Valium, o de encerrarme en el baño de un hotel con una hoja de afeitar, demasiado lento y demasiado doloroso... sí, pero con las pastillas nunca se puede estar seguro. Si existiera un medio infalible, creo que... ¿Ven? Todavía miento...

Nombres de estaciones, ideas de huida... no conozco más que el sueño y no he sabido conservarlo... Personas con formas de llave deambulan sin objetivo; no sabría nunca encontrar la que pueda abrirme la puerta adecuada.

¿Qué esperabas? ¡Eres ridícula! No puedes ir más que a tu casa para pasarte el rato mirando las paredes entre toda aquella soledad, escuchando las frases estúpidas de tu madre, a quien ni siquiera tienes la valentía de escupirle a la cara; no eres más que una asquerosa cobarde. Y, ¿adónde vas ahora? ¡A reunirte con ella, imbécil, hipócrita!

Una voz sibilante y llena de odio.

—Tu padre te ha llamado.

¿Te pondrías celosa si fuera a verlo? Pero, de todos modos, piensa que no es una mala idea, así podrías hacerme preguntas.

—Bueno, como no has querido que te sigan tratando los doctores del hospital, te he buscado un psicoanalista. Es muy amable...

—No, no iré. Ya te lo he dicho; no quiero ver a nadie.

—Demasiado tarde, ya he concertado una visita.

—Pues anúlala porque no pienso ir.

—No empieces con tus caprichos. Si es preciso, te llevaré a rastras.

—No te servirá de nada. No le diré ni una palabra y cada consulta te costará veinte mil francos, dámelos a mí, te ahorrarás el esfuerzo de cargar conmigo.

—Te aseguro que irás, créeme.

La hubiera matado. Cosas así debieran estar penadas con la muerte. ¿No creen? Ahora se muestra más amable:

—Hago esto por tu bien.

—No quiero ir.

Durante toda la semana he intentado enterarme del día de la visita para eclipsarme discretamente, pero la cosa no ha resultado y el día en cuestión ya ha llegado. Yo estaba a punto de empezar a leer una novela apasionante. Es increíble la fuerza oculta que poseen las personas. Me tiré al suelo tratando de resultar lo más pesada posible, lloré con toda la rabia de que era capaz, ella me arrastró por el pelo. Esto ya es demasiado, eso sí que no lo soporto, sí me tocan un solo pelo consiguen de mí lo que quieren, palabra. Si hubiese tenido un puñal en la mano creo que me habría pasado en la cárcel el resto de mi vida. Ella adoptó ese aspecto terco y decidido de mujer a la que nada se le resiste. En la mirada, brillo de satisfacción, de triunfo, el mismo que descubrí en la carcelera cuando finalmente cogí mi tenedor. Es igual, pienso emprender la huida, ella no volverá a verme nunca; no me volverá a tocar con sus sucias manos de carcelera.

El psicoanalista vivía en una de esas pequeñas casas burguesas, llenas de antiguallas amargadas. Yo seguía llorando para hacerla sentirse culpable; sabía que eso la fastidiaba mucho pues no deseaba pasar por una madre sádica.

—Deja de llorar. Si éste no te gusta buscaremos otro.

—No quiero ninguno; todos son unos marranos.

Horrible sala de espera. Un caballero empieza a enumerar los méritos de este médico del alma... ¡No! Ya verán cómo le voy a atizar en la mandíbula a ese imbécil. No, sobre todo nada de violencia, sería capaz de escribir: «Agresividad contenida con síntomas de violencia oculta...»

Pequeño despacho en el que destaca un precioso diván para los pobres enfermos del alma o ancianas con perritos de pelaje tieso. Un señor bastante joven con aire doctoral y terco; por supuesto, con lentes: «Siéntense, por favor.» Ella adopta una voz compungida y dulzarrona. Creo que es por eso que detesto la miel.

—Ella no quería venir. Sé que se ha enfadado conmigo

por haberla traído, pero no podía hacer otra cosa. Es por su bien, ¿comprende?

Si pudiera te vomitaría encima.

—Prefiero que continúe en tratamiento, los médicos del hospital no me dijeron nada claro.

¡Qué falta de cortesía, habla como si yo estuviera ausente!

—Voy a hablar un momento con su hija. Espere en el salón, por favor.

¡Ah!, hubiera debido sospecharlo. Ellos ya habían tenido una «conversación previa», así habrá podido mentir a su gusto.

—Mira, aquí hay lápices de colores y papel, por si quieres dibujar...

Me toma por..., quizá lo soy realmente, pero no tengo ningunas ganas de dibujar.

¿Por qué no me hablas un poco de tus padres?

—¡Ah, no! No va a volver a empezar con sus estúpidas preguntas. En primer lugar, le aseguro que no volveré nunca. Me ha arrastrado hasta aquí tirándome del pelo. ¿Es que no se ha dado cuenta de que es ella la que necesita atención médica? No me extraña, los psicólogos son así, no se enteran de nada. No tengo ganas de estar tumbada en este diván ni de hablar con usted.

—Desde luego, si has venido a la fuerza, un análisis no te será de ninguna utilidad.

—No quiero ver a nadie. Mire, no tengo nada contra usted, pero ya estoy harta de todos esos imbéciles de psiquiatras o psicoanalistas. Haga el favor de no darle a mi madre más direcciones de colegas.

—¿Te sientes mejor?

—No responderé a sus preguntas. Ya le he dicho que no quería hablar. Dígale sólo que no vuelva a arrastrarme del pelo, así no me curaré nunca, eso es todo.

—¿Tienes la impresión de estar curada?

—¿Cree usted que lo están sus pacientes?

Me parece que éste sí ha comprendido. Sale a llamar a

mi madre, que entra con su sonrisa inocente. Noto que ha retocado su maquillaje y que ahora huele demasiado a Hélène Rubinstein. ¿No es un poco joven para ti? Se te ha visto el plumero, todo el mundo sabe que las mujeres degeneradas prefieren a los psicoanalistas hombres. Me dirige miradas malévolas; parece un auténtico cuervo dispuesto a echárseme encima.

—En vista de que su hija no quiere someterse a un tratamiento yo no puedo hacer nada. Nuestro método se basa en la voluntad del paciente; si éste no desea nuestra ayuda... Pero ¿quieres salir un momento?

Me volvió a meter en su cacharro sin decirme ni una palabra. Su perfume, allí encerrado, me resultaba todavía más insoportable. A mí me importaba un rábano lo que él le hubiera podido decir, yo había conseguido neutralizarlos.

Al llegar a casa, empezó a dar portazos, permanecía encerrada en un mutismo que, muy a su pesar, nunca se podrá llegar a imaginar lo que me aliviaba.

¡Hay que ver lo irracionalmente infantiles que son los adultos!

Algún tiempo más tarde, uno de sus devotos amigos vino a buscarme para llevarme por las buenas a ver a otro de esos locos.

Yo empezaba a ponerme bastante furiosa. No tenían que tomarme por una vieja histérica.

—Esto no es lo mismo; ahora se trata de un psiquiatra.

Son muy duros de mollera. ¡Jamás he encontrado gente tan perseverantemente idiota!

No voy a describir la fisonomía atroz de ese viejo necio y congestionado. Además, se pasaba el tiempo contestando llamadas telefónicas... Debo aclarar que se lo había recomendado a mi madre la esposa de uno de sus amantes. Era una doctora cuyo consultorio servía eventualmente como lugar de citas. Son infantiles, pero vulgares. También conseguí neutralizar a este psiquiatra. La cosa empezaba a resultar cara y mi madre, justo es reconocerlo, no es muy espléndida.

Mucho tiempo después de lo que acabo de explicar, leo en una de esas cartas el nombre de un psicoanalista. ¡Hacía dos años que ella se trataba!

Recibí una carta de Dominique en la que me decía que había perdido ocho kilos a la semana siguiente de su salida del hospital. Sus padres no tuvieron ningún reparo en devolverla al pabellón. En esta ocasión no tenían excusas; sabían lo que aguardaba a su hija. Pero los padres se burlan, no deberían existir. Hubieran podido informarse, buscar una clínica decente. Aceptar que su hijo no los quiere. Si no ¿cómo explicar esta recaída? Era la consecuencia de torpezas imperdonables.

Como ellos no han encontrado el remedio, nos encierran para no confesar su contrariedad. Juegan con nuestra vida y nos hacen volver una semana, tres meses o tres años después de nuestra enfermedad, por una depresión, un intento de suicidio, por uno de esos trastornos «indefinibles» provocados por su primer error. Ellos no lo confesarán nunca, no pueden equivocarse...

Esperan a que yo regrese. Su chantaje continúa amenazándome. Cuando el autobús pasa delante del hospital se apodera de mí una sensación indescriptible, contundente y violenta: una sensación muda aunque aturdidora. Intento olvidarlo todo porque el recuerdo resulta demasiado doloroso, pero no lo consigo, como siempre equivoco el camino. «Loco», palabra que me estremece, que me acusa... «Psiquiatra», ira y cólera irresistible durante un tiempo indefinido... «Hospital», angustia. Yo necesitaba un refugio, un escondrijo pero nadie podía ofrecérmelo. Todas mis relaciones con las personas estaban falseadas, después de todo, ellos también eran gente «de la calle», ¿qué diferencia había? Yo quería ser intolerante y terca, deseaba continuar rechazando su mundo.

Pero la primera vez me había equivocado. Volvía a empezar sin los otros. Sólo conmigo misma; me habían acostumbrado demasiado a la soledad y no soportaba la presencia de la gente. La segunda vez volví a equivocarme. No podía modificar mi actitud ante las personas a las que me hubiera gustado llegar. Todo se había cerrado en mí como para protegerme de los ataques. Yo ya no existía. Hubiera querido gritar, pero ellos también habían pensado en esto. Perdida entre las calles, en busca de la verdadera puerta, sola con los sueños de la tristeza y de la realidad, vagaba por un nuevo asilo mucho más terrible.

Por fin conseguí gritar, y el grito se perdió en el silencio de una casa de paredes decoradas, mi nueva celda: más grande, menos sucia, aislada del mundo. Hubiera querido destrozar y matar. Mi ambición no conoce límites cuando tiene como objetivo liberar mi alma. Hubiera querido incendiar ese pabellón olvidado en medio de la locura y a todas esas víctimas encerradas por los miserables psiquiatras. Destruir sus sucios cerrojos y paredes. ¿Una pretensión? Sé que sólo puedo lanzar un grito loco que no desgarre más que mi propio corazón, mi propia voz, un grito por los niños abandonados, otro llamamiento, una petición de amor que también se perderá en el vacío de las sucias calles. Nadie escucha; prefieren dar dinero a los viejos mendigos olvidados y mirar las tetas de las putas. El grito resuena, se eleva, aumenta, último sobresalto, el dolor estalla en pleno cielo, cae una sangre putrefacta sobre el pavimento empapado por la lluvia, como una cucaracha aplastada por el tacón de una bota.

EPÍLOGO

He gritado en silencio durante dos años y me han bastado tres semanas para arrojar todo mi odio sobre el teclado de mi máquina de escribir.

Los recuerdos aún punzantes me han torturado y no he podido acallarlos aunque debiera haberlo hecho. Me he vuelto a llenar de odio, rencor, dolor, de todos los monstruos surgidos en la soledad y el aislamiento.

Después de más de dos años continúo llevando una vida de encierro, en otro mundo, aunque en realidad no tan distinto al de los calabozos del hospital. Prisionera de mis angustias, de mis temores, de mí misma y de esta mujer, en el vacío siniestro de mi habitación, de esta habitación que me ha sido impuesta. Aun a riesgo de sufrir, sabía que debía hablar para olvidar, para liberarme de estas humillaciones más crueles que los golpes que por lo menos me habrían permitido alimentar mi odio.

Tengo la impresión de no haber sabido encontrar las palabras exactas. Jamás podré hacerlo, y estoy obligada a confesar mi derrota. He descrito un universo de locura porque eso fue lo que allí viví, no he podido contener la rabia ni la desesperación, el lenguaje se ha rebelado contra mí. En este mundo no existe la piedad ni la solidaridad; te puedes morir en plena calle mientras todos se apresuran hacia su refugio perdido en el fondo de un corredor; puedes morir de tristeza y gritar hasta quedarte muda.

Este mundo no escucha nada; no pide nada, sólo una explicación plausible en nuestro certificado de defunción.

No he conseguido fijar mis recuerdos, como si esta realidad se me escapase. No he podido ofrecerles descripciones detalladas porque se me imponía una realidad instantánea, como un flash. Las imágenes percibidas chocaban contra mí, me obligaban a rechazarlas, a escaparme en mis quimeras, «a alimentar mi neurosis», como dicen ellos. Hubiera querido demostrarles lo estúpidos y torpes que son todos los «psi...». He salido como un borrego y ahora respondo a su cliché mental: aislada, neurotizada, incómoda conmigo misma. Siempre estoy enfadada y vuelvo a ver el rostro de mi médico carcelero, su sonrisa que creía haber olvidado.

Habéis clasificado mi caso en vuestras carpetas de burócratas, en la página X, «curada» después de cuatro meses de internamiento, un tiempo después de todo bastante razonable, ¿verdad? He permanecido presa en el interior de mí misma, encerrada en mis sufrimientos, y vosotros, con un aire de generosidad, habéis tenido la audacia de reemplazar mis anteriores carceleros vestidos de blanco por esta mujer de negro que no hace más que pasear por el corredor...

Me habéis arrojado vuestro mundo al rostro como un cubo de agua, nunca encontraré el camino, estoy perdida. ¿Qué poseen las personas de vuestro mundo, aparte su universo de sexo? ¿Qué poseen en su interior? Las oigo hablar en la entrada de los cines, en los vagones del metro, en los bares; sólo hay maldad, juicios mezquinos, pretensiones ridículas y mediocres.

Pero, ¿para qué viven?, para nada, para hacer las cosas tal como les han dicho.

¿Y yo qué hago en vuestro mundo? Me refugio en las cómodas butacas de los cines; sueño delante de la pantalla mágica durante las cuatro sesiones de la tarde. En el metro me atrae el brillo metálico de las vías, que me deja estupefacta como si se tratase de algo venido de lejos, de lo más profundo de mi ser. Lo único que me queda soy yo misma;

es todo lo que me habéis dejado. El metro se aproxima pero algo me contiene. Será quizá la imagen de la sangre y de mi cuerpo aplastado.

Esa mujer continúa pasando por el corredor. Ha perdido su sonrisa estereotipada y la ha recubierto con un velo de discretas conveniencias. Me da dinero para tranquilizar su conciencia; a ella es lo único que le interesa. Nada de palabras, nada de miradas, soy yo quien lo ha querido.

Después de dos años, pero, ¿qué digo?, después de quince años de humillación y de afabilidad, por fin he conseguido arrebatarle la imagen que le había dado este loco mundo. Es un trasto, sin importancia, sin personalidad, está a punto de convertirse en eso porque yo he tenido el valor de afrontar la verdad, el instante en que ella se ha olvidado de representar su papel. Ella nunca ha querido a nadie. Ya no puede soportarme y me muestra su odio y su cólera. Pero un trasto no nos puede incomodar. Ya no tengo miedo, y mucho menos de una autoridad ridiculizada, de una mujer que ha tenido la indecencia de declararse «madre».

No se debería encerrar a los niños por el crimen de la locura; ellos no saben defenderse.

Trato de encontrar un mundo. Miro todos los caminos antes de escoger el malo, pero no hay ninguna indicación y nadie quiere tenderme la mano, o más bien, no quiero coger ninguna. Una angustia me oprime el corazón. Aquí la soledad es menos hermosa, pues es falsa a pesar de tener la apariencia de ser auténtica. Es más dolorosa.

¿Qué es vivir? No lo sé. Me refiero a que no sé si esta vez he dado con el camino adecuado. No consigo olvidar y sé que durante mucho tiempo me despertaré angustiada al oír el ruido de la llave en la cerradura.

He vagado por las calles, sin cesar y sin objetivo. He caminado días enteros sobre sus pavimentos de indiferencia sin saber qué buscaba. Me he perdido en este inmenso laberinto sin siquiera pensar en encontrar de nuevo mi camino, pues no tengo ninguno y jamás lo encontraré. Lo he enterrado todo, recubriéndolo con un velo de tristeza opaca que me oculta una parte del mundo.

Vagabundeo por una nueva prisión en la que parece que las personas hablan a las paredes, todo me molesta por su indiferencia, no acabo de encontrar la razón última de las cosas. Nada tiene sentido. Inutilidad profunda y acusadora. Me disuelvo en la soledad y en la tristeza. Ociosidad, he perdido la despreocupación, la luz me molesta y aborrezco el sol. ¿Por dónde he pasado? No dejo de buscarme y de oír una empalagosa frase de una famosa película:

«Hay que ser paciente; puede costar años, una vida...»

Pero, cuidado, señores «psi», ustedes que leerán este testimonio de una vida dolorida esbozando una maliciosa sonrisa, tengan en cuenta que les acecha esta mendiga a la que tanto temen hasta el punto de que han necesitado crear instituciones para destruirla, para encerrarla... ya saben que es muy contagiosa... me refiero a la locura.